現代という時代の自己理解

——大学・研究＝教育の自由・責任——

テオドール・リット 著
Theodor Litt

小笠原道雄
野平　慎二　編纂

東信堂

課題設定　はしがき――大学における研究＝教育の自由・責任を考えるにあたって

本編纂訳書のタイトル『現代という時代の自己理解―大学・研究＝教育の自由・責任―』のなかの〈現代という時代〉とは、著者テオドール・リット（Theodor Litt, 1880-1962）が生きた一九三〇年代のナチズムの凶暴の時代、一九四〇年代以降の旧東ドイツ時代のソビエト独裁体制の時代、そして一九五〇年代以降、一九六二年七月一六日のリットの逝去までの時期を指している。

また副題に掲げた〈大学・研究＝教育の自由・責任〉は、二〇世紀の社会哲学や教育学の分野でヘーゲル（Georg Wilhelm Friedrich Hegel, 1770-1831）の弁証法を基底としながらも、その個性的な弁証法的思考を通じて世界の思想界に多大な影響を与えた、リットの教育者・哲学者としての思想・理論・実践等の諸活動を、〈大学における研究や教育の自由と責任〉の問題に焦点化して解明することを含意したものである。

その際、読者には、〈大学における研究や教育の自由と責任〉という言辞が、古風で陳腐なものと感じられるかもしれない。だが、逆に考えれば、この問題は、大学人や研究者にとっては、時代の変化とともに、つねに吟味され、精査され、語り継がれねばならぬ本質的なもので、ニーチェ的にいえば「永劫回帰」の思考に類するものなのである。

だが、現在の大学に関する諸問題、とりわけ、わが国の大学問題を語る場合、二〇〇四年の国立大学の法人化によって大学のあり方が根本的に変容したことに着目しなければならない。また、二〇一六年の国立大学法人法の改正にともない、文部科学大臣が「指定」する指定国立大学法人制度が導入されている。これらの制度改革により、大学は学問研究よりも資金獲得や組織経営に膨大な労力を割かなければならなくなった。具体的な事例を挙げれば、法人化以後の国立大学では、毎年政府から交付される運営費交付金が、前年度比一％削減という効率化係数が適用されて漸減している反面、競争的資金の導入による大学の運営に国（文部科学省）の干渉が強化され、各大学、とりわけ、学長を先頭に大学執行部は資金獲得に奔走・腐心する状況に陥っているのが実態である。年間の競争的資金の総額が変わらないため、文部科学省の委任する配分に関する委員会のサジ加減を気にして、国の期待する研究課題や研究成果を早く出せるテーマを選択する結果、著名なノーベル賞受賞者が指摘するように、わが国では「基礎研究」が疎かになっているのである。論者がここで強調したいのは、単にお金の問題ではなく、むしろ自由な研究を旨とする研究者の精神的な萎縮の問題なのである。

視野を拡げて、大学における研究や教育の自由と責任の問題を考えると、近代大学の理念形成のモデルともなったフンボルト (Wilhelm von Humboldt, 1767-1835) による「大学の使命」というその内実の吟味が重要になる。フンボルトによれば、大学は解決された知識を教える「学校」とは異なり、解決されていない未知のものを「不断に探究する」ことを使命とし、その際大学は、学生も参加して、教授とともに研究活動に当たるという「学問的陶冶」の機関でもあった。このフンボルトの精神を体現する高等教育機関として、一八一〇年、ベルリン大学が創設されたのである。

論者の手元には、二〇一二年、ベルリン大学創設二百年を記念して刊行された六巻にも及ぶ浩瀚な『ウンター・デン・リンデン大学の歴史』(Geschichte der Universität Unter den Linden)〔ウンター・デン・リンデンは大学所在の地名〕の第一巻『ベルリン大学の創設と黄金時代 1810-1918』(Hrsg.

von Heinz-Elmar Tenorth, Akademie Verlag, 2012）がある。この大学の創設と黄金時代に「研究＝教育の自由」が確立したのである。なお、本巻はヨーロッパ教育史学の碩学H・E・テノルト・フンボルト大学副学長（フンボルト大学名誉教授）から論者に直接贈呈された六七四頁にも及ぶ大著である。

他方、わが国の（帝国）大学にも大きな影響を与えたこのフンボルトの理念やベルリン大学の制度史等に関しては、社会学者で近代大学史の研究者である潮木守一（1934-）の諸研究が特に重要である。潮木守一著『近代大学の形成と変容――一九世紀ドイツ大学の社会的構造――』（一九七三年）は、この問題を考える場合の必読の書である。

だが不思議なことに、一般に、大学における学問・研究＝教育の自由は、国家との関係を中心として大学や研究者という閉じた世界での問題として論じられ、大学・学問と社会との関係で緊迫感をもって論じられ、考察されることが少なかったように論者には感じられる。

たしかに、潮木は、近代大学を「理念型としての共同体教育」と特色付け、その内実をM・ウェーバー（Max Weber, 1864-1920）の「ゼクテ」（Sekte: 分派、セクト）としている。その上で、ウェーバーの「ゼクテ」は「外形的対外的閉鎖性にあるのではなく、個々人の良心の自由と自律性の原理に立った厳しい相互陶冶の、真理に向けての永遠的継続的問いかけであった」としている。また、脚注において潮木は「ウェーバーにおけるゼクテ概念はきわめて弁証法的である」とも記している。

この大学における「学問の自由」論やウェーバーの「ゼクテ」論は、リットの講演「科学の公的責任」(Die öffentliche Verantwortung der Wissenschaft) で幾度となく強調され、研究者にその決断を迫っている事柄でもある。この講演は一九五六年六月、リットがドイツ学術界の最高勲章といわれ、伝統と格式のあるプール・ル・メリット学術勲章 (Orden Pour le Mérite für Wissenschaften und Kunste) の受章を記念して行った「科学の公的責任」と題する叙勲記念講演である。われわれはすでに、本講演に加えて、リットの「原子力と倫理」講演をめぐる討論の様子を載録した『科学の公的責任―科学者と私たちに問われていること』(東信堂) を二〇一五年に刊行している。是非ご一読いただきたい。

論は錯綜したが、大学をめぐる問題の核心は、中世大学であれ近代大学であれ、その出自の性格が現代という高度化された社会組織のなかで広く一般企業等経営組織とどこに共通点がありその交点を結ぶのか、あるいは差異点のみで相互にまったく異質なものなのか、という点にある。それらを見極めて社会組織としての大学のもつ機能が現代においてどの程度達成できるかということなのである。だが、問題はそれほど単純ではないようだ。

時代を超えて、大学の機能が科学の研究、「真理の探究」にあることはいうまでもなかろう。だがその際重要なことは、科学が他の色々な文化組織とともに、政治的・社会的な諸要素から反作用を受け、それによって科学の内面的構造の変化を余儀なくされ、自らの本質に相反する法則ともいえる条件下におかれるということである。この相互作用は、科学のあり方とその成果がつねにその時々の政治的社会的情態にもとづく形式のうちで錯綜するのである。

翻ってわが国における「大学の自治」論の多くが、伝統的に「学部自治」という美名の下に、学部の人事問題に集中し、そこでの「研究・教育」論もきわめて観念的、よくいえば理念的に把握されてきたのではないか。少なくとも、先に指摘した二〇〇四年の国立大学の法人化までの大学はそうであった。

論者は、国立大学の法人化後、大学の管理、すなわち「ガバナンス（governance）」という言葉で表現される妖怪に悩まされ、違和感を抱き続けてきた。同時に、そのような状況のなかで、わが国の教育・研究者集団としての大学（人）の姿勢にもその妖怪の跋扈を許す大きな要因があることも痛感した。それを一言でいえば、時代の「危機」に対する大学人の無感覚、無関心さともいえるかもしれない。換言すれば、科学の進歩や社会の激変にともなう現代（人）の「危機」を意識し、自覚し、そのための大学改革をすすめるという研究者としての責任を大学人が回避してきた、いや、その責任についての無関心が広く大学社会を覆っていたともいえる。

したがって、研究者一人ひとりが時代の「危機」に対する感覚を研ぎすまし、自己の専門分野と社会との接点を明らかにし問題を解決し国民への責任を果たすことが重要なことなのである。

自然科学や医学等の分野での諸研究は、事象の解明や発見が国際的な競争の世界で行われ、そこでの評価規準もある程度確立している。それに対して社会科学やとりわけ人文科学分野では、事象の解明がその「意味」を含めて問われるために研究者個人の姿勢や方法が大きな比重を占め、「責任」の内容が曖昧になる。それゆえ、そのような特性に付随して生起する諸問題を省察することも、いっそう重要となるのである。

二〇一五(平成二七)年四月の「学校教育法」の一部改正にみられる「教授会」権限の根本的な変容は、わが国の大学における長年にわたるその慣習的運用の〈終焉〉をもたらした。それによって逆に、大学人一人ひとりが自らを律して時の政治的動向に対して「注意深く、用心深く」(リット)あらねば大学の自治、学問の自由は守れない事態に至った。他方、最近のわが国の高等教育をめぐる教育政策や官邸指導の一方的な教育諸改革が〈混乱〉を惹起している面がある。その具体が、日本学術会議問題として露呈したと論者は判断している。他方、われわれ大学(人)共同体のなかに、その〈乱暴〉を許す〈無関心〉という素地があることも深く反省しなければならないであろう。

このように大学における研究＝教育の自由の問題を考えてくると、具体的な時代状況や社会状況との文脈で国民への責任といった視点で問題を捉え、それを解決する覚悟がいま研究者各人に問われているように思われる。しかし「覚悟」だけでこの問題は解決され克服できるのであろうか。

私は、いま、十年前の三月一一日に発生した東日本大震災の悲劇を想起している。なかでも政府・産業界・経済界・マスコミそして学界までもが多くの日本国民を巻き込んで「核エネルギー」の安全神話を作り上げたことだ。

結局、われわれは人類史上「原子力時代」がどのような時代であり、原子力（核）エネルギーとは何であるかを、そのメカニズムを含めて十分に理解することのないままに急速に技術化を図ってきたのではないか。

周知のように、東西冷戦の厳しい対立の一九五〇年代後半から、旧西ドイツでは原子力の開発やその導入の可否をめぐって、まさに国論を二分するような激しい対立があり、激論が交わされた。その対立のなか、哲学者、教育学者リットは、政府、ヨーロッパ原子力委員会の政策関係者、そして原子力の専門家から「講演」を求められた。それが一九五七年の講演「私たち自身、今（原子力）の時代をどのように理解するか？」である。

注意すべきは、この講演の内容が核エネルギー導入に「賛成か反対か」ではなく、その諾否を選択する「決断」を促すために、原子力科学・技術自体のもつその本質的な危険性を論理に徹して冷静に説き、問題解決の道が「原子力時代」に生きるアンビバレントな人間の「責任」をエートスに徹して説き明かしていることである。結論としてリットは、核エネルギー問題は経済的問題、政治的問題として解決できるものではなく、位相の異なる倫理的問題として、〃人類に対する責任〃という視点から考察し対応しなければならないと結論している。

東日本大震災において明白となった「核エネルギー」の問題に対峙しつつ、「原子力時代」に生きる人間の「責任」の問題を、歴史哲学者リットの講演に依拠して紹介してきた。そこには〃人類に対する責任〃からの考察と対応の必要性が提示されていた。

この「はしがき」は、「大学における研究＝教育の自由」を考察することを目的とし、大学（人）と国家の関係あるいは国際的視野のもとでの大学の理念を通じて、その本質を考察してきた。具体的に、「核エネルギー」という「科学」の問題をわが国の東日本大震災時に生起した問題を実例に紹介してきた。そこではこの科学を、国家を超えて「人類」に対する責任の問題として考察することの必要性が提起された。このことは同時に、学問を国家を超えて「人類」に対する「責任」として理解することの必然性を提示している。

論者は教育(学)の研究者、すなわち、現代という核エネルギー時代に生きる学生達に責任を担う教師を生業としている。とりわけ〈ヒロシマ〉に生きる教育研究者には、専門家としてまさに世代をかけてこの責任をどのように果たすのかが具体的に問われていると痛感する。招待される国際会議で「ヒロシマから来た」というその一言で、参加者の態度が違うのである。

教育者は学習者(学生)に対して、〈核エネルギー時代〉に対峙する意志を形成させ、自覚を促し、それを梃子に事態を「選択」し、選択に対する「決断」にいたる自己「責任」の筋道を示す必要がある。より具体的には、放射線災害から子どもを守ることから、放射性廃棄物をどのように処理するかという問題を含む、世代をかけた実に重い責任を共に担うことの意識化なのである。

これらの問題は一九五〇年代のドイツの問題ではなく、現代のわが国における喫緊の課題であり、同時に、教育者として核エネルギー問題に「責任を担う」という倫理的な問題なのである。教育者・教育学研究者として世代をかけた課題に挺身する者として誇りをもって邁進したい。

人類の生命や国民の個々の生活を守れない国家や政治家は、「研究＝教育の自由」を語ってはならない！

小笠原道雄

序文

「世界史的時代」――今の時代ほどこの言葉がふさわしい年は、近年にはなかったと言っていいだろう。地球的規模で拡大した新型コロナウイルスによる感染は、突如として、世界中の市井の人々の命と生活を脅かした。人類共通の「敵」を前に国家間の団結と人々の連帯が求められるはずであるが、悲しむべきことに、自国中心主義的な相互批判や人々の間の理不尽な差別も一部で露わになった。感染による死も経済による死もともに回避しなければならない板挟みの状況のなかで、政治はどうあるべきか、科学はどのような役割を果たすべきか、市民はどのように判断し行動すべきか……。まさに、「今の時代をどのように理解すべきか」という問いが私たち一人ひとりに向けられている。

一九五〇年代のドイツが置かれた状況もまた、「世界史的時代」（本書8ページ）と感じられるに十分だった。冷戦の影響を受けてドイツは一九四九年に東西に分断された。東側諸国からは共産主義の躍進が喧伝され、西側ドイツでは経済の劇的な復興が進む。一九五七年にはドイツ軍の核武装計画が発表され、すぐさま著名な物理学者ほかによる反対声明「ゲッティンゲン宣言」が出される。科学技術の進歩の極致としての核兵器の出現と拡散という現実を前に、人類の絶滅が切迫感をもって思い描かれたのだった。政治や社会の状況が地球的規模で変化する時、「今の時代をどのように理解すべきか」という問いに真摯に向き合うことが求められる。もちろん、出来事の意味は必ずしもすぐに明らかになるわけではなく、後になって初めて評価が定まる場合も多い。とはいえ、歴史の流れや出来事の連関における自らの現在の立ち位置を、その根拠にまで遡って理解しようとする姿勢は、どの瞬間にも放棄されてはならないものであろう。

本書に訳出した三編の論文のうち、最初の二編、すなわち「現代という時代の自己理解」（一九五七年）および「時代の転換期における大学」（一九五八年）は、ドイツの哲学者・教育学者テオドール・リット（Theodor Litt, 1880-1962）がその晩年に著したもので、いずれも論文集『東西対立の光に照らした科学と人間陶冶』（一九五八年）に収められているものである。これらの論文のなかでリットは、冷戦という政治状況を背景に、東側の共産主義陣営の国家、経済、科学を批判的に検討しつつ、返す刀で西側ドイツの国家や経済の根本原理の不十分さを指摘する。その上で、真理にもとづく時代の自己理解の必要性と、自由で民主主義的な国家のあり方を説いている。とりわけ論文「現代という時代の自己理解」は、歴史（像）問題に関わって、共産主義における進歩的歴史観も結局のところ人間隷属の実践であることを看破し、また他方で、西側世界における国家や社会の多様性がもたらす不確実性や人間を機械化する労働機構への批判を展開したものとして、特に注目される。本編纂訳書のタイトル『現代という時代の自己理解』もこの論文から取ったものである。

今日再び、新しい冷戦が始まっていると言われる。かつてのアメリカとソビエト連邦をそれぞれの盟主とする冷戦が、自由主義陣営と社会主義・共産主義陣営との理念的対立、あるいは自由市場経済と計画経済との対立を軸としていたのに対し、現代のアメリカと中国を中心とする冷戦——「冷戦2.0」とも称される——は、明確な陣営の不在や、市場経済という共通の土俵における覇権の争いといった点で、かつての冷戦とは様相を異にしている。学問研究と社会との関係について見ても、二〇一六年にオックスフォード英語辞書が「今年の言葉」として「ポスト真実 post-truth」を選んだことに見られるように、科学的真理よりも感情への訴えが優先される傾向が見られる。このような歴史的条件の変化を踏まえるならば、「東西対立」という政治状況はすでに過去のものと言えるかもしれない。しかしながら、いつの時代にもさまざまに姿形を変えて現れてくる、自由な人格を毀損する諸力の起源を看破し、正しい自己理解と自己啓蒙のあり方を追究するリットの理論的格闘は、世界史的時代を生きることを余儀なくされている私たちに、数多くの重要な示唆を与えてくれるであろう。

なお、本書には第三論文として「現代を歴史的に理解する」を収めている。この論文はすでに、リット『歴史と責任』（東信堂、二〇一六年）として訳出、刊行しているものであるが、論じられている主題の共通性から本書にも再録した。この論文が書かれたのは、一九一四年に始まった第一次世界大戦（当時はもちろんこのように呼称されていなかった）が、多くの人々の予想を裏切って泥沼化し継続している最中の、そしてまだ世界がナチズムを知らない一九一七年である。この論文を併せ読むことで、時代の変化のなかに身を置きつつ時代を省察することの困難さと意義がより明確に浮かび上がるであろう。

野平慎二　識

付 記

二〇二〇年八月六日、広島は七五回目の原爆忌を迎えた。それから半年も経ないうちに、コロナ禍によって世界や世相の相貌は激変した。改めて日常に生きる私たちの生活、あるいはその生活における「命」の問題を具体的に考えなければならなくなった。カミュの長編小説『ペスト(*La Peste*)』は、アルジェリアという全く別世界の虚構の出来事を描いたものと考えてきたが、それが現実の私たちの日常生活に襲って来たように実感する。

そのような現代日本の社会で生活を営み、自己の実存を見つめるとは、一体どのようなことなのであろうか。これはとりわけ、研究や教育に関ることを「生業」としてきた論者にとっては切実な問いである。

この悶々とした状況のなかで、結局退官後最後の仕事として格闘してきた歴史哲学者リットに学ぶ以外に自分には方途はないと自覚するようになった。

論者は本編纂訳書の冒頭で、「悲劇的に生きることと満たされた生を送ること、両者は分ち難く結びついている」というリットの言辞を引用した。この言辞は、歴史哲学者リットが、一九五〇年代、六〇年代の「人間実存」の実像を言い表したものである。そこで含意されていることは、今日人類が遭遇しているコロナ禍にも通底する現代の問題でもあるし、何よりも現在わが国にあって喫緊の問題として急浮上した日本学術会議における学問・研究＝教育の〈自由〉の本質に関わる基本的問題なのである。リットは自己のナチズム体験から、研究者の〈傍観者的な態度はゆるされない〉と喝破している。

リットによれば、「自己理解」とは「変化する状況の個別具体性を扱う考察と同一であり続けようとする人間本性の一般性をもつ考察」の**両者**を自らのうちに〈止揚（アウフヘーベン）〉することを特徴とする人間精神の努力である。今流にいえば、コロナ禍における個別具体性として生活・生命（いのち）の在りようと人間本性の一般性としての「生」を自らの主体的責任において「止揚」する努力と換言されよう。

本編纂訳書では、リットの論稿の訳出と併せて、現今のこれら二つの根本問題を念頭に、歴史哲学者リットの思想から得られる「人間と歴史」についての提言を探る。具体的には、一九三〇年代ドイツの時代状況下での文化科学的陶冶の諸問題と諸目的を主著『人間と生』（改訂第三版、一九三〇年）をもとに考察し、さらにはリットの「自己理解」の概念を『人間と世界』（一九四八年）から最晩年にわたる思索とその展開をもとに解明する。それを通じて現代日本の時代状況に関わる課題を検討する。

最後「あとがきに代えて」において、日本学術会議問題の本質を解説し、学問研究の自由／自律と民主主義の展望に関わる提言を行いたい。

二〇二一年三月

小笠原道雄　識

現代という時代の自己理解——大学・研究＝教育の自由・責任　目次

凡例

1．本書に訳出した三編の論文の底本は、それぞれ次のとおりである。

・「時代の転換期における大学」(Die wissenschaftliche Hochschule in der Zeitenwende. In: Wissenschaft und Menschenbildung im Licht des West-Ost-Gegensatzes. Heidelberg (Quelle & Meyer) ,1958, S.114-156.)
［本論文は一九六二年開催された国際シンポジウム〈大学と現代世界〉でのリットの提言がもとになっているリット最後の論文である。所収：Universität und moderne Welt. Ein internationales Symposion. Hrsg.v. R.Schwarz. Berlin 1962, S.52-94.］

・「現代という時代の自己理解」(Das Selbstverständnis des gegenwärtigen Zeitalters. In: Albert Hunold (Hrsg.)：Masse und Demokratie. (Volkswirtschaftliche Studien für das schweizerische Institut für Auslandforschung) Erlenbach- Zürich und Stuttgart. (Eugen Rentsch Verlag) 1957, S.149-188.)

・「現代を歴史的に理解する」(Das historische Verstehen der Gegenwart. In: Geschichte und Leben. Probleme und Ziele kulturwissenschaftlicher Bildung. 3. verbesserte Auflage. Leipzig und Berlin (B.G.Teubner) 1930, S.1-37.)

注記：リットの場合、利用文献の刊行年・版にとくに注意されたい。リット自身が述べているように版の種類によって文献の内容をはじめタイトル・副題も変更している場合がある。

2. 原文のイタリックは**ゴシック体**で表記した。
3. 原註は**（原1）**、訳注は**（訳1）**といった形で統一した。
4. 〔 〕は訳者が補足的に挿入した語句である。
5. 論文「現代を歴史的に理解する」では、ひとまわり小さな文字で印刷されている箇所が三箇所ある（原著のいずれの版でも同じ）。本書でもそれに忠実に従い、小さな文字で表記した（本書一六七〜一七二頁、一七六〜一八〇頁および一八二頁）。
6. 訳語について。ドイツ語の Leben は英語の life に相当し、「生」「生活」「人生」「命」「人」など多様な意味をもつ言葉であるが、本書では「生」で統一した。Sache は「事物」と訳した。Sache は人間が作り出したモノや制度や機構を指すが、逆に人間を制御し支配するものとしても作用する。人間の意志と事物の論理の弁証法的運動として歴史的世界を捉える点に、リットの思想の特徴がある。Wissenschaft は「科学」で統一した。この言葉も、「科学」以外に「学問」「学問研究」「学」など多様な訳語が充てられる言葉である。「科学」という訳語は「自然科学」を強く連想させるきらいがあるが、本書における「科学」の語は広く「学問（研究）」を含意するものとして読んでいただきたい。

現代という時代の自己理解——大学・研究＝教育の自由・責任

テオドール・リット『人間と歴史―論理とエートスに徹する歴史哲学者の提言』

Ⅰ　時代の転換期における大学

科学と時代意識

今日、英語で「学外の（extramural）」活動と呼ばれる大学の活動について、大学の活動の成果を大学人ではない一般の人々にも広めることの準備や責任について、さかんに議論されている。その議論のほとんどは、例えば次のようなイメージにもとづいている。大学は知識と能力という財を生み出すが、その財はまず、たとえわずかでもその獲得に関わった人、すなわち研究者や教師や学生のものである。大学教師がさらに、問いや疑いや困難に悩まされている大学人ではない人々のために助力するとすれば、それは、大学人の畢生の仕事に外から付け加わるような活動である。その活動は、この畢生の仕事の核心に触れることはなく、その仕事を妨げることのないまま取りやめられることもある。その活動は、前で述べた社会からの要求に直面して大学が引き受けるような、一言でいえば「余計な仕事」である。

このようなイメージに対して、私は次の主張を対置したい。そのようなイメージはせいぜい、すでに半世紀も前の大学と大学外の人々との関係に当てはまるにすぎず、今日ではそのようなイメージを望みのないものとして置き去りにするような転換が、一部ではすでに生じており、一部ではなお進行中なのだ、と。今日、一般の人々が大学に期待し要求する知識を大学が考慮に入れたとしても、大学はもはやそれを功績と見なすことは許されない。今日、大学が社会からの要求に応じる時、大学は自由意志で対応するのではない。――そうではないのだ。その対応は本来、大学固有の課題の核心をなすのであり、大学は見かけ上、学外から来た呼びかけによってその核心へと向かわせられるのである。この呼びかけのなかで大学に伝えられることのなかに大学が関心事――この今という時代を構成する、価値ある要素でありうるために、大学がもてる力のすべてを捧げねばならない関心事――を認める時、その時にのみ、大学は社会全体における自らの存在意義を主張できるのである。大学がそれを無視できると考えるならば、大学は自らに退場の判決を下すことになるのである。

この主張には、生の全体との関わりのなかで科学が果たすべき機能は、最近の時代の流れのなかで大きく変化してきている、という確信が表されている。第二次世界大戦の終戦以降、「大学改革」をテーマとして議論されている事柄を見渡してみると、真剣に議論されるべき問いに継続的に取り組まれてきたことは疑いえないものの、その問いをめぐる議論は本来あるべき姿から最終的に遠く隔たっている、という印象を拭い去ることができない。

私たちが維持し形作っていく生は、急速に拡大するにつれて、ともかくあらゆる方面へと拡張され学問分野ごとの方法が確立された科学の提供する説明を必要とするに至っている。もっとも、このことだけが前で示した科学の機能の変化の理由ではない。一般の人々の生が科学に対して期待する知識の**量的な**増大だけが問題なのではない。科学が獲得すべき知識の量はいくらでも増えるであろう。また、自ら獲得した有り余る知識の一部を自由意志で一般の人々に分け与える役割を、科学と大学が断念する必要もない。むしろ決定的に重要なのは、今日一般の人々が科学に向ける問いは、深くに根を張り、すべてを包括するほどの意味を備え、同時にまさに今生きている人間の存在と切り離しがたく結びついたものであるため、その問いのなかに「外から」科学へと持ち込まれた要求、いわば片手間に副業として処理されうる要求以上のものを見ようとしない場合には、その問いは処罰に値する形で無視され、完全に誤認されるであろう、という認識である。その要求のなかでは時代が自ら根本的な問いを立てているのである。それは、たしかに科学だけが解決できるわけではないものの、科学の助けなしには適切に定式化されえず、ましてや答えられることのないような問いである。このような問いを避けようとする科学は、時代に対して、まさに決定的な罪を犯しているのだ。

時代が科学に向けて発する呼びかけがなぜそれほど切実なのかは明らかである。近年、壊滅的な性格のカタストロフィーが私たちの身に降りかかっており、また全人類が不安と動揺なかに置かれ続けている。それだけではなく、この分裂の過程と矛盾した仕方で交わりながら、人間の営みの合理的な規制と組織的な統一が、予見しえないほど完全な形へと推し進められている。人間が営む物事の総体は、ひとつの物事が別の物事と絡み合い、貫通し合うことで、すべてがすべてと関連し合い、同時にすべてがすべてと対立し合うような姿へと至っている。人間は、一方では自らの行為を通じて統一され、まとまっていくのだが、他方では破壊力のすべてを自らに向ける主体ともなっている。それはあたかも、人間が自己破壊の活動を可能な限り根本的に行うためだけに、組織化する思考の洞察力のすべてを動員しているかのようである。

このような事態は、次のことを反論の余地なく示している。今日の人間は、自己を組織的に完全に構成しようとすればするほど、ますます自らの能力が奪われていくような存在の形態へと組み込まれる、ということである。人間はもはや自己を構成する主人とはなりえない。なぜなら、その自己の構成のなかで出会う秩序の複雑性が増すにつれて、その複雑性に圧倒されないために人間が必要とする洞察と見通しをもつ可能性がますます減っていくからである。人間を超えた力による創造ではなく人間の活動があらゆる部分で展開されるにも関わらず、この存在の構造は、人間の納得する関心に真っ向から対立する方向へと進む独自の生を展開する。人間は自らの生のなかに、自らを堕落させる悪魔とまでは言わないまでも、自らを支配する暴君を生み出したのである。

そのようにして生じた生の構造に対する正しい洞察**のみ**によって、その構造に由来する、自己を危険に陥れる事態を改善できると想定するならば、疑いなく人は誤るだろう。生の構造の内部で働く不一致と破滅の意志の力を抑え込むのに、正しい洞察だけでは十分ではない。けれども、そうであるならばなおいっそう確実に、次のように言うことが許されるだろう。この洞察が**なければ**、最良かつもっとも純粋な意志でさえ、自己破壊の過程を止めることはできないだろう、と。なぜなら、いかなる決心も、いかなる行為も、そしていかなる措置も、自己倒錯の運命から守られるべき生の連関に対する洞察からの助言なしには、不幸を追い払うことに寄与することはできないからである。このような事態を、私たちの時代は肝に銘じなければならない。なぜなら、私たちの時代は、心情の激高や、人を喜ばせる情念の能弁な長広舌を、私たちの使命の証明だと容易に認めてしまう傾向があるからである。このような弱さには冷静な認識を対置する必要がある。「専門的知識」と呼ばれる課題に精通することなしには、たとえこの上ない善意からなされる努力であっても効果なく消えてしまい、あるいはむしろ事態をさらに悪化させてしまう、という認識である。

そしてまさにこれこそが、現代という世界史的時代、まさに決定的に重要な時代のなかから科学にもたらされる課題である。人間は科学の力を借りて、生の連関が人間のなかで交差し絡み合う様子を見通し、この洞察をもとに、あちらこちらで波打ちながら人間に迫ってくる流れのなかに確固とした足場を築き、そのようにして解明された生の地平に立って自己自身と社会全体にとって救いとなるような決心を下すことができるようにならなければならない。これが、あまりにも道を誤った現代という時代が科学に期待し要求することのできる、生に対する援助なのである。

共産主義の時代意識

科学に向けられたこのような課題は、科学をその伝統的な本務から遠ざけるに違いない――このように強く主張する大学人は後を絶たない。そのような大学人は、人々の考えを改めさせるために、現代のある現象に好んで目を向ける。それは、ここで取り上げている主題が世界史的な規模で、しかしまたそれにふさわしく大規模に歪められた姿で、見て取れるような現象である。私が念頭に置いているのは、**共産主義**の教義、「弁証法的唯物論」である。私たちの考察の観点から見ると、それは比類のない企てであり、それによって現代を生きる人間は、自らを包む現実全体を完全に見通せるようになり、その結果、現実全体における人間の立場、ならびにその立場から生じる課題についていささかも疑念を抱くことがなくなるのである。そしてこのことは、ある教えの啓示を通してなされる。その教えは、科学が、自らの妥当性を証明し、いかなる反論をも無力化する強い科学であることを、あらゆる点で主張する。この企ては、その教えを理念上の基礎とする政治的運動が圧倒的な規模の成功を見せているがゆえに、もっとも熱い注目を要求してかまわない企てなのである。――その企てが成功しているのを見ると、次の問いを避けることができない。「科学的な」基礎づけと、その基礎づけのなかで人間に示される存在の解明は、その企ての成功にそもそも、あるいはどの程度関わっているのか、と。なぜなら、その関わりが、しかも著しく重要な関わりが証明されるとすれば、それは、現代の人間にとって科学を通してもたらされるべき存在の解明がどれほど重要であるかを示しているからである。

いずれにせよこの「科学」については、しばしば次のように主張される。その科学は、先に述べた方向を目指す、決して抑えることのできない欲求を、完全かつ全面的に充足させる自信をもっている、と。なぜなら、その科学が把握し、秩序づけ、説明できないものはどこにも存在しないからである。体系的に構成された科学のなかには、別の起源に由来する説明が入り込める余地はない。しかもその科学は、これらすべてのことを、**マルクス**、**エンゲルス**、そして**レーニン**の名前がその創始者として讃えられる方法の力を用いて成し遂げる。さらにその科学は、単に存在を説明するのみならず、意志をもち行為する存在としての人間が問題となる場合には、存在を導くという点で普遍性をもつとされる。後者の課題を担う能力が自らにあるとこの科学が考える理由は、その科学が生み出す知識はその全権によって過去と現在を理解するのみならず、その範囲を未来へも拡張するからである。しかしそれによってこの科学は、意志をもち行為する存在として絶えず未来に準拠することを強いられている人間に、作為と無作為についてのあらゆる疑問から人間を解き放つ指示、目指すべき方向を示す手がかりとなる指示を与えるのである。

さらに共産主義の科学は次の点においても「普遍性」を自称することが許される。すなわちその科学は、共産主義国家の指導者に秘密や特権として取っておかれるのではなく、共産主義以外の世界の科学と同じように、真理——選ばれた人々だけに許されるのではなく、思考するすべての人に向けられ、理解されるものでなければならない真理——を解明し人々に告げ知らせる者として振る舞う、ということである。このような理解と一致しながら、共産主義の国家は、その国民の精神のなかに、その国家が唯一の妥当性を要求する科学を、失われることのない所有物として植え付けるために、あらゆることを行う。その科学が拡大することで自らに対しても重要な利益を得ることを約束できるがゆえに、共産主義の国家はますますその科学を重視する。というのも、科学が発見した「真理」はその本質的な構成要素として、共産主義の国家と社会の秩序の「真理」と呼ばれるものをも含んでいるからである。その秩序は歴史の必然的な経過が要求する、したがって最終的に貫徹することが保証された、人間の営みの姿である——この証明を申し出ることを通して、その科学は共産主義の国家と社会の秩序に科学的な信憑性を与える。国家にとっては、あらゆる形式において自らに科学による祝福を与える教義の拡大を心がけることが何よりも重要なのだ！　真理の普及を助けるために国家が行うことは、同時に、国家自体の存続を確実にし、国家自体の未来を保証することを助けるのである。それゆえ、共産主義は世界のどこに足場を固めようとも、ただちに無限の熱意をもって、人間の精神のなかに共産主義が「正しい意識」と呼ぶものを引き起こすことに着手するのであり、これは何ら驚くべきことではない。その「正しい意識」とは当然、マルクス＝レーニン主義の真理によって啓示された意識にほかならない。この意識がより確実に、より全面的に形成されるにつれて、共産主義の国家に属する人間は、この国家の秩序が要求する通りに行動することを可能にし、また望むような内的な態勢を、ますます信頼して受け入れる。共産主義の科学の光のもとでは、この共同体のよどみない機能を疑問視するような抵抗はすべて溶けてなくなるのである。

共産主義の科学と国家がそのような形で理論と実践として相互に融合することによって、共産主義の科学はまさに、前で述べた要求を完全に充足させるような形態を取ることになる。共産主義の科学は、現代の生の途方もなく複雑になった構造を徹底的な説明によって見通せるものにし、それによってその構造の内部に置かれた人間の地平を広く啓蒙し、その結果、なすべきことを人間が理解することになるような科学になる。ここに見られる欲求とその充足との対応から、私たちは次のように想定できるようになる。共産主義が成し遂げる道徳面での征服には、少なくとも共産主義の科学が果たす解明作用**もまた**一役買っており、共産主義を担い正当化する理論はその作用を通して共産主義の成果を祝福するのだ、と。無数の問いのために不安に陥り、無数の疑念に駆り立てられている現代の人間は、まったく批判の余地のない科学的な形であらゆる問いに答え、あらゆる疑念を追い散らし、さらには過去や現在についてのみならず未来や当為についても確かな答えを与える教えに出会うことで、絶え間のない苦悩から救い出された気分になるのである(原1)。

共産主義は、自らの「科学的な」基礎づけが幅広く同意を得ていることを通して、現代の人間のなかにある欲求についてこの上なく啓発的に教えてくれる。このことは共産主義の功績である。けれども、この欲求の強さに納得するために私たちが唯一頼らなければならない運動は共産主義だけだと考えてはならない！　共産主義以外の世界においても、その欲求の充足に照準を合わせた努力、現実を解明するのみならず、人間の生を導く力としての科学が見出せる。それはひとつの理想なのであり、それについては西側の世界、とりわけアングロサクソンの世界でも高名な研究者が確信をもって賛意を表明している。そのひとつ、**バートランド・ラッセル**による意見表明は徴候的な意味をもつ(訳1)。アメリカの心理学と社会学は、その内容のイメージと目標設定に幅広く支配されている。科学は問いを抱く者の誰にも答える責任を負わない「ニュースのエージェント」になってしまうのだが、これは多くの人々を夢中にさせる考えなのである。

生の導き手へと高められた科学に、共産主義を推薦するにも等しい答えを期待する——こうした考えを誰ひとりもつことのない西側世界においてさえ、生を導く役割が科学に期待され要求されている。まさにこれは私たちの考えるべき課題である。その他の点では相互に遠く隔たっている人々が、生の導き手としての科学という点では一致している。このことは、向こう側でもこちら側でも呼びかけられた科学が充足させなければならない欲求がどれほど広く強いかを、もっとも明瞭に証言している。

イデオロギーと科学

以上で述べてきたことから、描き出された事態に審判を下す姿勢で臨む場合には二つのことを厳密に区別しなければならないことが判明する。ひとつは、科学に向けられる期待の源泉である欲求の内容と由来であり、もうひとつは、時代の動きがこの欲求を充足させようとする際の形式である。東側と西側では時代の問いを静めるべき答えが対立しているが、このことは、欲求が同じように承認されたとしても、同じ形式での充足が帰結するわけでは決してないことを証明している。

自由なドイツの科学にとって、共産主義の教義が「科学」だと布告するものは実際には「**イデオロギー**」であることを理由に、その教義が時代の問いに与える答えを拒否しなければならないことは、明らかである。その「科学」は結局のところ、自らを基礎づける真理の先入見なき探究ではなく、政治的な意志がその内容を決定づける主張の体系である。その教義が科学の外にあるものに由来し規定されていることを証明するために、その内容に深入りする必要はない。共産主義の社会秩序にとって決定的に重要な教えを支配の座に就かせるために共産主義が腐心している手続きの特性を見るだけで十分である。是が非でもこの教義が承認されることへと共産主義を駆り立てるものは、決して純粋な真理への熱意なのではない。このことはすでに前で確認済みである。共産主義が科学に肩入れするのは、科学が前で述べた社会秩序を正当化し確固たるものにしてくれるからである。もっとも、このような理論的なものを超えた関心が働いているとはいえ、科学は論証の力だけによって人々からの理解を得るのだということを、その教えのために理論的な手段だけを用いて広めることを妨げる必要はないはずである。残念ながらら、その教えを人々に広める際に共産主義がそのような謙虚さを自らに課すことはない。どこで支配権を握ろうとも、公式の救済の教えを人々の精神に刻み込むために共産主義がすぐに用いるものは、あらゆる精神的な働きかけの技術、すなわち教育やプロパガンダを通した影響行使の技術にとどまらない。——そうではないのだ。公式の教えから逸脱した意見を表明する勇気と広める可能性を取り去るために、血なまぐさいテロルに至るまで、人々を萎縮させるあらゆる手段もまた投入されるのである。「正しい意識」は国家秘密情報部の監視のもとでのみ発展させられる。そのような措置を通して広められた教えだけが、すでにその貫徹の形式によって、自分自身に審判を下す法廷となる。強制措置を通して自らの独裁を保証する「科学」は、「科学」の名で呼ばれるべきものとはまったく正反対のものである。探究や問いや主張や反論を行う無制限の自由、そして熱意をもって真理を探究する者が妨げられることなく繰り広げる議論は、真理の発見、そしてその名を正当に掲げる科学にとって、不可欠の条件である。この議論を政治的な支配者の権力の命令によって禁止することは、ありうべき真理発見の前提を無効にすることと等しい。国家に独占された「科学」は自己自身を否定するのである。

それゆえ、共産主義の自称「科学」を真の科学の名のもとで虚偽だと暴露することは簡単なように見える。そして私たちの間でも、そのような手短な断罪によって必要なことはすべてなし終えたと考える者、さらには、その自称「科学」の一覧を一つひとつ否定する作業は、この教義に過大な栄誉を与えることにさえなる、と考える者は少なくない。その科学は真剣に受け止めるに値しない、というわけである。

しかしながら、事態をそれほど単純化する前に、この教義を掲げて生きているのは、取るに足らないことを考える一握りの救世主ではなく何百万もの人々である、という事実に注意しなければならない。少なくとも、この人々のかなりの部分が、自分たちに語られることを従順に復唱するのみならず、実際にその科学のなかにすべての真理が含まれているのだと、何らかの仕方で確信するに至っているとすれば、その人々は支配を頼りに生きていると考えることができるのではないか？　この種の信者に対しては、彼らが受け入れている救済の教えは、彼らの主張とは異なり、科学的な探究の前提を否定しているがゆえに真の「科学」ではない、という異論は何の印象も残さないだろう。

しかしさらに重要なのは、自称「科学」に対する異議申し立てをいとも簡単に済ませることを私たちに禁じるに違いない第二の考えである。共産主義の教えが幅広く受け入れられる際の歓迎の強さは、私たちが見ているとおり、その教えが独自の仕方で充足させることのできる欲求の強さに引けを取らない。この欲求の本質と強さについて自らに釈明しない者や、したがってまた、そのような者を共産主義の癒やしの言葉が不要になるような啓示、その正体は欺瞞に満ちた虚構だと暴露するような啓示によって助ける必要はないと考える者は、明らかに共産主義の脅威を手なずけることはできない。時代が自らをあるがままに見通し、ほかならぬあるがままの性格において扱うことを強く必要としているとすれば、その時代がすべての疑いに答えを、すべての困難に援助を約束するような教義と手を切るのは、断念すべき教義の補償として別の、よりよく基礎づけられた、より信頼の置ける、援助を与えてくる洞察が時代に提供される場合のみである。手を切るよう説得されている教義を単に否定するだけでは、決して満足は与えられない。自由の世界を故郷とする真の科学が共産主義の脅威と互角に渡り合うつもりならば、その科学は、共産主義が疑似科学による精神的な働きかけを通して時代に植え付けている知識は決して確実ではないのだということを、自ら道を誤った時代に示すよう努めるほかはない。この点で真の科学が共産主義に遅れを取るならば、その時点で共産主義は勝利を手にしているのである。

したがって、共産主義の教義との関わりを、軽蔑的な拒否の身振りで済ませることはできない。私たちは自由な世界の科学を通して、時代の切実な問いを避けるのではなくそれに答えることでその教義に比肩するもの、さらには、科学を自称するのではなく真に科学であることを通してその教養に優越するものを、その教義に対置しなければならない。何らかの仕方で真理に仕えるだけでは不十分であり、私たちの時代が必要としている真理を明示することが重要なのである。

けれども、このような特徴をもつ課題を、大学に存在意義を与え、大学での研究全体を秩序づける中核と見なすことを大学が決心するならば、明らかに大学は、その教育内容の組み替えと再構成につながる大改革を引き受けることになる。しかしまた、そのような課題を大学に強いるこのような状況の全体は同時に、その課題の適切な解決にとって考えうる限り最適な条件を準備しているのだとも言える。時代の自己省察にとって、共産主義の教義の出現と完成以上の好条件はないであろう。なぜなら、自由な世界に許されている生の状態の際立った特徴と評価しえないほど貴重な価値の本質をなすものはすべて、共産主義の世界が実現しカノンとした生の状態を背景とする場合にこそ、もっとも明確な輪郭をともなって現れ、もっとも明るい色彩をともなって輝くことができるからである。他の場合と同じようにこの場合も、対立という背景は、認識すべきものの特徴と価値を際立たせるのに何よりも適している。それはあたかも、歴史の過程のなかで互いの対立があまりに鋭くなったため、こちら側と向こう側で生の体制を規定しているものをもっとも明瞭な姿で浮かび上がらせるためには、ただ注意深く見さえすればよいかのごとくである。

対立しあうものの間にあるこのような対応関係をそのように明確に規定できるのは、明らかに次の理由による。すなわち、共産主義の形態をとって私たちに対立するものは、遠く離れた未知の起源に由来する力なのではなく、私たちの西洋の精神的生の子孫だからである。東側の共産主義の系譜学は西側の精神運動へと遡る。共産主義は、ヨーロッパの発展に含まれるある種の根本傾向を、その最終的な帰結へと推し進めたものである。共産主義のなかに私たちは、ある意味で「私たち自身」を再発見する――もっとも、まさに共通の先祖からの遺産にもとづいており、それゆえいわば共同責任をたぐり寄せるがゆえに私たちの悩みの種となる矛盾を引き起こす歪みと肥大化をまとった姿においてであるが。

この意味で、複雑であるがゆえに自己省察の要求を避けられないものにする同じ時代が、同時に、この要求の充足をもっとも効果的に支えるのだ、ということができる。時代を分裂させる対立がはらむ甚だしい緊張のなかで、その時代は、理論的にも実践的にも、現代人の精神をめぐる暴力的な争いを、これ以上ないほど具体的に私たちに見せてくれる。権力欲に満ちた成り上がり者の発明品や、考えを誤った救世主の妄想の産物を共産主義のなかに見るべきではない、と考えることで――さらには、ヨーロッパの精神がその根本傾向の急進化のなかで至るべくして至った帰結の総体を共産主義のなかに認めることで、私たちにとって共産主義は、思考と行為における**私たちの**義務がそこに明確に浮かび上がる対立像となる。けれども、共産主義と私たちをともにこのような光のもとで見ることは、絡み合った存在の歯車装置をその一貫した基本線へと還元する使命をもった力にのみ可能である。この力とは、科学である。「弁証法的唯物論」を名乗る疑似科学を背景として、私たちは、真の科学の課題が明るい光のなかに浮かび上がるのを見るのである。

イデオロギーと科学という二項のなかに東側と西側の間にある対立の純粋な表現を認めるならば、人々の間に広まっている語り方がいかに見当違いであるかを考えることになる。それに従えば、西側に勝ち目があるのは、同じくらい魅力的なイデオロギーを携えて共産主義のイデオロギーに立ち向かう場合だけだとされる。けれどもそのように語る者は、このような要求を立てることによって、彼が戦って勝利しようとしているまさに同じ運動の思考様式に陥ることを認める羽目になるのだ！　その者は、自らが支持するイデオロギーに、共産主義のイデオロギーと同じくすべてを包括する意味を知らず望まず与えることで、自らのイデオロギーが正しいと考えるのである。西側が自らの純粋な表現として東側に対置すべきものは、まさにそのような、意志を規定する性格を敵対するイデオロギーと共有するイデオロギーではなく、考えうるイデオロギーから自らを鋭く引き離し、それゆえいかなるイデオロギーの牽引に加担することも断固として拒否することでのみ、自らを保つような科学なのである。この洞察を、その者は学ばなければならない！　たしかに、西側にもイデオロギーは存在する。けれども、そのなかのあるものは、その由来と意図の点では東側のイデオロギーに酷似しており、それを用いて東側のイデオロギーに反駁することはできないのである(原2)。

けれども、共産主義の陣営に目を向けるならば、このように浮かび上がった科学の課題はまさに**大学**の課題でもあるということが改めて分かる。少なくとも共産主義が真理を、選ばれた少数者のために取っておかれる財産ではなく人間全体に向けられた財産と見なし、扱っている限りにおいて、共産主義は自由な世界の真理の理念と一致している――このことをすでに私たちは見た。それに従えば、共産主義にとっての「真理」を可能な限り幅広い共有財産とするために共産主義があらゆることを行う場合、西側世界が同じように次のことを考慮に入れようとしないならば、すなわち「本物の」真理でもある**西側の**「真理」は限られた者だけが到達できる類いのものではなく、多くの人々に共有されるものだということを考慮に入れようとしないならば、西側世界は間違いなく後塵を拝するだろう。疑似真理にとらわれている何百万人もの集団を、それと同じように多くの、本物の真理を支持する集団は、迎え撃たなければならない。そのため、対外的にも対内的にも自らの真価を示すことに関心を置く西側は、真理の発見を心がける者にふさわしい精神的態度が可能な限り広く行き渡るのを手助けし、つねに訪れる歪曲の脅威から真理を守る守護者の集団を本物の真理に配置することを必要とする。これは、西側諸国と西側ドイツに課されている、もっとも広い意味で理解されるべき**教育の**課題である。けれども、その課題の達成がより真摯に、より広い展望とともに目指されるところは、真理の獲得に努める規律のなかで学生を育てることを課題とする大学以外のどこにあるだろうか？　探究され大切に扱われるべき真理はとりわけ現代の生の状態全体についての真理として理解されなければならない、という命法が正しいとすれば、大学は、他のどの教育機関にもましてこの命法に従って計画される場所と見なされなければならない。もっとも、大学に課されたこの使命に決定的な責任を負い続ける後進世代が毎年大学から生み出されているとしても、彼らは、一般の人々の精神の形成について、大学に委ねられた活動の重要性に見合った貢献をしようとはしないだろう。

科学は今日その偉大な時代を迎えていると言われる。そうであるなら、前で述べた状況の全体に関して多くを語る必要はない。科学は、完全な投票権をもって目下進行中の世界史的な権力の対立のなかに入って行くよう呼び出されている。その一方の側が明らかに、その権利と、その影響力と、その最終的な勝利の確実性が導き出される審級としての科学に依拠している以上、他方の側は、科学の全権をより慎重に評価する傾向があるとはいえ、科学を対話のパートナーとして迎え、その投票に注意を払う以外にないのである。

しかしながら、その偉大な時代を迎えることは、この時代の問いを解決する力を示せるということを意味するわけではない！　取り逃がした可能性や聞き逃した要求もある。この瞬間にも、大学には問いが向けられている。そもそも大学は時代の呼びかけに耳を傾け、それに応じるつもりがあるのか、と。

幻想と真理

科学が時代の要求する課題を引き受けると仮定するなら、科学はその一部として、共産主義の自称「正しい意識」への対抗物を作り上げるべく尽力することになるかもしれない。なぜなら、共産主義の科学は、時代の現実の状況全体と一致するがゆえに「正しい」と自称する意識の基礎づけと育成を目指すだろうからである。もっとも、こちら側と向こう側の努力が相互に対応しているのを見るならば、東側の共産主義の「科学」に比べ西側の科学が上記の課題に取り組むのははるかに難しいことが明らかになる。人間に提供される意識の内容が共感を呼び起こし同意を引き起こすのにふさわしいものであればあるほど、その意識を人間に獲得させ、それを確固たるものにすることは、ますます容易になる。この点において共産主義の教義がどれほど有利であるかは、すでに私たちには明らかである。その教義は、現代の人間を苛むすべての問いに、ただ単に答えるだけでなく、唯一の、すべてを包括する、方法的に秩序づけられた思考連関をもとに答えることで、すでに人心を掌握している。その教義は思考上の統一を求める人間の欲求を、これ以上ないほど完全に充足させる。もっとも、この科学によって与えられた説明には、人間が抱くもっとも熱い願望を、十分な証明で保証しつつ実現することを約束する、という利点もある。人間が存在のあるべき姿だと考えているもの、それは一面では人間の外的な存在の十分な秩序であり、他面では人間の内的な本質の完成である。――一八世紀の言葉では、「幸福」と「徳」である。ところで、この科学の証明によれば歴史の「進歩」の終着点とならなければならない、そしてなるであろう「階級のない社会」は、その二つの欲求を完全に充足する。なぜなら、その社会は、排除される者のない幸福と、分け前にあずからない者のない徳という状態を自称するからである。一点の濁りもない楽観主義の気分があらゆるところに行き渡るよう、共産主義の国家は、その国家を担う科学的な理論と手を携えながら、莫大な努力を傾注するのだ！　その努力はすでに実を結んでいる。確実に保証された夢のような約束の福音に、どれほど多くの人が喜んで耳を傾けていることだろうか！

すなわち、「マルクス＝レーニン主義の科学が説明する意識を「正しい意識」として理解する時、ともかくもその意識に**ひとつの**特長を認めないわけにはいかない。すなわちその意識は、その担い手を幸福にさせ鼓舞する意識なのである。言い換えれば、この意識に異なる洞察に由来する別の意識を対置しようとすれば、後者の意識には疑念が向けられるのである。その意識は、共産主義の意識がもたらしているのと同程度の、確信のもてる生を実現できるのか、と。この観点から見るならば、「真理」の探究だけを目的とする西側の科学は、芳しくない成績しか収めることができない。西側の科学は、真理の探究に固執すればするほど、共産主義の「科学」が人間に十分すぎるほど提供しているものをますます提供できなくなる。西側の科学は、現実の全体を欠落や矛盾のない思考連関のなかに収めることができない。さらに、西側の科学にとって、誤ることのない未来予測によって人間に幸福と徳への上昇を保証するという考えほど、疎遠なものはない。西側の科学は、その敵対者に照らし合わせると、もっとも明白な意味において、人を幻滅させるものなのだ。西側の科学が、その成果を聞こうとする者のために得ようと努力し成し遂げた成果とは、幻滅なのである。西側の科学の意味で「正しい意識」と呼ばれるものは、人間存在の範囲内で発見されるべき意識であり、未来への熱狂的な期待を放棄するような意識なのである。西側の科学にとって、完全な幸福と徳に向けて救済された社会は、人間を誤解へと導き、正道から踏み外させる幻影なのである。

このように、西側の科学には、人間に対する影響という点では、共産主義の「科学」がその科学に合致した「意識」へと人間を説得する際に用いるような、何事をも突破する推進力が否応なく欠けている。西側の科学によって啓示された意識は、すべてを包括する、**ひとつの**根本原理から発展した教義の形で表現されることはなく、たとえわずかでも活気を与えるような答えによって、未来に向かう期待と意志を満足させることもできない。その意識は、共産主義の感嘆符を同程度の疑問符で置き換えなければならない。その意識が、真理**だけ**を讃えることを放棄しない限り、その意識にできることは、長く心に抱かれた関心事や愛情を込めて育てられた夢のような願望を解体することしかない。そしてこれが意味するのは、その意識は宣伝効果という点で共産主義に決してかなわないということである。

西側の「自由な」世界ならびに西側ドイツは、その世界が代表する自由な状態にふさわしい「意識」を、その意識を分け持つ人々の精神に、支えとなる力として理解してもらえるほどに広く解き明かすことに、そもそも正しく着手していない。前で述べたことからすれば、このことは驚くべきことではないように見える。一人ひとりの人間がそもそも、あるいはどの程度まで、自らが立っている世界、自らの課題を受け取っている世界に関して、存在の条件と行動の可能性を明らかにしてくれるイメージを描くようになるのか——この問いに対する答えは、西側諸国では広く偶然に委ねられたままである。西側の人間の意識はあまりにも啓示されていない。その結果、自信に満ちて現れている東側の共産主義の意識に対して、西側から対等な競合相手がそもそも立ち向かうことがないのである。

もっとも、以上のような慎み深さが説得的であればあるほど、あたかもそれが不変であるかのように我慢することは、ますます私たちには許されなくなる。逆なのである。共産主義の「正しい意識」に同程度の宣伝力をもつ福音を対置することが西側にとって困難であればあるほど、人々に西側の存在解釈の正しさを確信してもらえるほどの明証性によって宣伝力の欠如を埋め合わせるべく、精神の集中をますます高めなければならないのである。おそらく、西側の存在解釈は、人々の精神に深く浸透していくにつれて共産主義の吹聴がすべて空虚なものとして色あせていくような啓示によって報いられるのだ！　たとえ期待されたほどの満足が得られないとしても、自らの存在を解釈する上で、奔放な欲求をそそのかすものにではなくただ**真理**の声だけに耳を澄ますことから得られる確実さ――この確実さこそ、見かけ上の満足を与えるためにイデオロギーによる将来の美化が人々に提供するすべてのものと釣り合うべきではないのか！　その時、善くも悪くも真理と同盟を結ぶ意識以外に、「正しい意識」の名のもとに基礎づけられた要求を掲げる意識があるだろうか！

もっとも、現代の生の状態を規定している状況全体のなかで、自らの存在の状態についての真理を確認することは、かつてなかったほど難しい。人間の営みを形作る行動と運命の、そしてまた努力と調整の絡み合いは、かつてなかったほど複雑である。ほかならぬこの事実が、生に対する新たな義務を科学に与える。科学の助けがなければ、人間は、たとえわずかでも満足のいく自己理解を求めて無駄に戦うことになるだろう。事態に応じて助言することが困難になればなるほど、人間にとって科学の助言はますます欠かせないものになる。

このような状況のもとでは、科学が直面する課題は、いわゆる対抗勢力――それが西側を攻撃することで初めてこの課題が切実なものとなる――の出現によって有利かつ容易に解決されるようになる。このことは心から歓迎されるべきである。共産主義の教義は、一見すると、現実の真理の解明を目標とする西側の科学にとって、見かけ上は尊大で不愉快きわまる競合相手にすぎないが、他方では、真理と生を暴力的に歪曲することで本当の真理の解明にとってこの上ない引き立て役となるような生の解釈と構成のシステムを確立しているがゆえに、真理の解明を思いがけず助けるのである。自らの主張にふさわしく生を形成しようとし、その試みの結果に照らして当初の仮説の誤りを明らかにする——このようないわば実験的な仕方で、誤った主張の複合体が反論されることはまれである。共産主義国家の残虐な実践は世界を幻滅させたが、その残虐な実践は、とどまるところを知らない権力意志が働いた狼藉であるだけではない。それは、信奉者をそそのかし、人間の本性と規定に反して、人為的に構成された共同生活と共同活動の枠組みへと人間をはめ込もうとする教義の、論理必然的な帰結なのである。理論的に歪んだ像は、実践的な隷属化に至る。真理の光に照らすとその枠組みは生に対する前代未聞の暴力的な歪曲であることが明らかとなるが、真理は同時に、その枠組みから信憑性と精神に対する影響力を奪う緩和剤なのである。この真理の代弁者に指名された科学は、共産主義の教義の枠組みに固有の誤りのために瀕死の状態にまで脅かされた時代にとって、救いの力となるのである。

時代意識のなかの技術

生の解明に向けて努力する科学はその課題をどこに見出すべきか。その課題に対する解答の試みにおいて科学はいかなる態度を取るべきか。真理に迫るなかで科学はいかなる抵抗を克服しなければならないか。これらの問いに対する解答は、一般の人々を強く動かす論究によって私たちの同時代人によく知られている二つの事例から見て取ることができる。

私たちの生の構成において、**技術**と呼ばれる共同行為の形式がますます力強く現れている。技術の本質は、それを用いて行われた措置が、比類ないほど明解で透明で理解可能な性格をもつ点にある。この特長は技術に固有のものである。なぜなら技術はあらゆる部分において理性の作品、計画し計算する思考力の作品だからである。技術の合理性は完全である。なぜなら技術は、同じように合理的な事物規定の前人未踏の範型である科学、すなわち数学的な自然科学と無条件の連帯関係で統一されているからである。もちろん技術は、そのなかに住まう者、すなわち「専門家〔事物を――知る者〕」の目で見られる場合にのみ、透明な姿で現れる。しかしまた技術は、その場合にのみ、専門家にとって、思考と行為の構造物、その秩序が余すところなく理解されるような構造物、という形態を取るのである。

その限りにおいて、時代が自己理解に努める時に最良の満足の機会を見出すひとつの生の領域が、「技術」という語で特徴づけられる。その生の領域は、「技術的」である限り、自らを解釈するにあたって苦労することはまったくない。しかしここに注目すべき矛盾が現れる。すなわち、技術によって確立された秩序**の内部で**生の領域が展開される限りでは、技術はまったく容易に理解されるのだが、技術のなかで作用する出来事の経過ではなく、人間存在の**全体**における技術の立場を理解しようとするやいなや、すなわち技術の領域の境界を越えて生の全体を理解しようとするやいなや、技術は一度に次々と問いを呼び覚ます。すなわちその場合には、ひとつの活動がそれを遂行する人間にとっていかなる意味をもつのか、あるいはその活動の成果に対する評価がその成果を利用する人間にとっていかなる意味をもつのか、が何ひとつ確認されないにも関わらず、ひとつの活動はそれ自体で十分に理解でき、その意味を完全に見通せるものになってしまうのである。ここに、「技術の魔力」という見出しが好んで掲げられる、文化に対する省察の一章が始まるのである。

これをもって私たちは、時代の自己省察において中心的な位置を占める問いに直面する。このことは再び、共産主義の存在解釈という対抗事例を手がかりとしてすぐに看取できる。共産主義の教義は、生の現実の一部であるこの技術にあれほど多くの関心を向け、あれほど多くの思考の努力を傾ける理由を、正確に理解している。共産主義の教義はすべてを喜んで肯定する楽観主義を熱心に育てるのだが、その楽観主義は、他のどの領域にもましてこの技術という領域、議論の余地のない「進歩」という技術の魔力の領域のなかに、もっとも説得力のある証拠を見出す。誤ることなく確実に成果から成果へと前進すべく、事物によって指示された道を忠実に進んでいくことを必要とする人間の行為の様式は、その領域以外のどこにあるというのだろうか！　「進歩」の原理のなかに人間発達の運動法則そのものを発見したと誤信する生の解釈のシステムは、ほかならぬ技術のなかに、そしてまた技術によって可能とされた共同行為の形式のなかに、**すべての**人間の共同生活と共同活動のモデルを見て取り、崇拝するのである。そこから次のような確信が生じる。人間は、自らを技術的理性によって統御された運動と完全に同一視し、いかなる留保もなしにその理性に身を委ね、その理性によってある状況から次の状況へと運ばれることによって、人間性の十分な展開をもっともよく促すことができる、という確信である。こうして、技術の進歩への専心は、「人間性」の養成をも意味するようになる。技術の「魔力」のなかから技術の博愛が生まれるのである。

時代を強く動かしているこの問題事例から、次のことを見て取ることができる。西側にふさわしい自己解釈、すなわち真理に忠実な人間の自己解釈を明瞭に特徴づけるための背景として役立てるのに、共産主義の自己解釈がいかに好適であるか、を。自己自身が、そしてまた技術とともに規定された全運命が形作られていく上で、人間は技術について何を覚悟しなければならないか――この問いが真に明らかな答えを見出すには、技術の本質や起源や作用様式を予断のない真理感覚をもって理解し分析しさえすればいいのである。その答えを見出すことで、人間は技術という存在権力に対する関係を自ら規制できるようになり、その規制を通して技術は、許されざる越境によって人間存在の全体を混乱させ誤導することをやめ、自らを本来の義務に限定し、支配のための法外な要求をすべて拒否するようになる。本論は、この答えを展開する場ではない。しかし次のことは強調されてかまわない。人々が抱く願望にも政治権力の要求にも従わない根本的な分析によって、技術による事物支配の形をとった進歩を人間性の促進と同一視する楽観主義がいかに根拠のないものかが明らかになる、と。さらにその分析は、技術の進歩に対する賛美を自らの強固な支えとしてあてにするものは、ほかならぬ理論的な推進力である、ということをも明らかにする。広がりを見せている文化批判の意味において、技術の出現と拡大は人間が犯す誤りなのだと批判することは、真理と真っ向から矛盾する。同様に、人間を完成へと導く教育者の祝福と同じ働きを技術のなかに認めることや、注意深さを眠り込ませること――その注意深さは、人間が技術的な行為のなかで事物の導きに身を委ね、事物によって気づかぬうちに支配され、その結果、あらゆる事物支配の上に立つ人格としての自己自身を忘れ去る、といった事態を避けるために喫緊に必要とされるものである――が、真理と一致することはほとんどない。

以上のような仕方で人間の行為と機構の全体のなかに技術を位置づけ、この全体から技術を理解し限定すること――まさにこのことこそ、現代の生の状態に対する真に**科学的な**自己分析によってのみ成し遂げられうる課題である。曖昧な印象や奔放な気分やしつこくわき上がる願望を養分とする屁理屈はすべて、その分析の背後へと望みなく消えていく。今日、本論で扱っているテーマが議論される際、そのようないかがわしい助言者がどれほど多く前面に出てくるか、関連する文献の専門家であれば知らない者はいない。

時代意識のなかの国家

「技術」という生の力が現代の人間に課す問いに目を向けるならば、現代の世界の形態のために科学がいかなる課題に直面しているのか、を私たちに示すような**ひとつの**事例が見て取れる。他方、共産主義の理論が、技術の指示に従って働く「集団」の秩序を**すべての**人間にとっての共同体形成の模範へと高めるべきだと考えていることを思い出すならば、私たちは自ずから**第二の**事例に運ばれる。この場合においてもまた、共産主義の存在解釈という対抗像を背景として、科学的真理を満足させる自己理解が、この上なく鋭く際立つことになる。

先で述べた共産主義的な共同体の模範に従って自らを形作ることが何よりも要求される生の領域とはどのような領域だろうか？　それは国家と社会という領域である。特に**国家**という秩序構造は、労働する集団の輪郭を描き出し、それによって同時に、停止することのない「進歩」という軌道に自らを乗せるのにおあつらえ向きであるように見える。

正しく理解された科学の課題は、この要求の確実さを検証することである。この検証が必要なのは、理論的に誤った仕方で構想するという運命から国家を守るためだけではない。次の理由からもその検証は不可欠である。すなわち、ここで論じている適応を実践に移す試み、すなわち労働する集団に合わせて国家を構成する試みはすべて、あらゆる暴力的な抑圧――人間を、労働する集団の構成員として、人間を包み込む労働機構の要求に従わせるのと同じような仕方で、国家に属する人間を国家の支配者の指令に従わせるために必要な行為――に避けがたく帰着する、という理由である。嘆かわしいことに、事態はとにかくそうなっているのである。多数の人間が「事物」(自然の素材と力)の加工処理のメカニズムのなかにまとめられているところでは、ほかならぬこの事物が審級となり、個々人の働きは相互に結び合わされ、その審級の指示に従って滞りなく機能する「装置」となる。けれども、多数の人間が**政治的**共同体へと統一されるところでは、同じように一義的に個々人の働きを規定し、相互に結合させるような「事物」は存在せず、事物の命令のもとでは労働する集団のなかで沈黙しているような、あらゆる関心や理念、努力や情熱が意思を表示しようとする。そして政治の領域ではこれらすべての諸力がその声を上げ、全体への関与を要求するため、人間の行動を、機能の信頼性と適時性という点で労働する集団の完成度に劣らないひとつの装置へと強いてまとめることは、対抗勢力を抑圧する暴力を投入することによってのみ可能となる。このような自由の剥奪という犠牲を払う場合にのみ、「進歩」は意のままになり、表向きは国家もまたその進歩を実現する能力があり、実現する使命を負っているとされるのである。

科学を装う教養に支えられながら、人間に対して能力剥奪を宣言する装置の歯車へと人間を貶める全権を与えられた国家――このような国家を背景として前面に現れ出るのは、国家に統合された人間を、先で述べたような性格をもつあらゆる暴力的な抑圧から遠ざけることにその、もっとも深い意味があるような国家である。そしてここでも、科学が政治的現実を分析する際にあらゆるイデオロギー的な先行決定と決別し、真理のみを解明することを決心する度合いが強ければ強いほど、科学は後者のような国家とますます密接に結びつくのである。このような性格をもつ国家とは、**民主主義**の国家である。このことは実際には、同じ科学によって共産主義の国家の基礎となる教義がその「誤り」を証明されるのと同じように、民主主義の国家が「正しい」国家であると証明される、ということを意味しない。そのことはただ、共産主義の国家と異なり民主主義は、人間に固有なものを全否定するも同然の、人間についての疑似科学によって正当化される必要がなく、科学が人間に固有なものとして際立たせるまさにその本質において人間を尊敬し、活性化させるのだ、ということを意味するだけである。民主主義は、その市民一人ひとりに共同の意見形成と意志形成を呼びかけ、それによって判断と自己決定の主体性と責任をあらゆる形で個々人に認め、それが確証されることで個々人は「人格」の地位へと高められる。この意味においてのみ、共産主義が人間についての疑似科学と結託することで喝采を受ける仮象を引き起こせるのと同程度の強さで、民主主義は科学と連帯関係にあるのだと主張されてよい。

そして、まさに私たちドイツ人は、数多くの理由から、この連帯を強固に確立しなければならない。ドイツという国家は外面上、民主主義の形式をとる。けれども、この民主主義がドイツの人々の精神に根づくことは限りなく困難である。それはあたかも、あちこちで現れる民主主義のもろさや弱さを示す病的な症状を見つけることで深い満足を得るかのようである。このような傾向を前に、科学の啓示は、どれほど大きな救いを与えてくれることだろうか！　その啓示は、人間のなかにある決断の自由という本質を明らかにするだけではなく、次のような妄想をも追い払う。すなわち、自然の手綱から解き放たれ自己自身を拠り所とする存在としての人間が絶えずそそのかされている迷いや倒錯という犠牲を払う場合にのみ自由という特権は手に入る、という妄想である。この妄想の正体を暴くことによって、科学は改めて、科学の関与なしにほかならぬそのような性質をもつ対象を、照らし出す。のみならず科学は、その解明的な作用によって、この対象の生のなかに解放的に、そして活気を与えるような仕方で介入する力としても働く。自らを取り巻く政治的現実を**理解する**ことを学ぶ時、そしてまた、自由な人々から形成された、そして自由な決定を通して形成され続けていく共同存在は、妨げられることのない協調や分裂のない共同という姿を取ることなどありえない、ということを理解することを学ぶ時――その時にのみ、ドイツ国民は、国家と自らとの間にある関係を、外側に配置され、それゆえ影響を与えることのない政治的闘争の観衆として、また生の権利をめぐって怪物と争う競合者として、自らを誤解することのないような仕方で、見ることができるようになる。その時にのみ、ドイツ国民は、自らの関わりのなかで、民主主義の生活を、遠く離れたところを歩むことで麻痺させたり、妨害によって混乱に陥れたりしないよう気をつけるようになる。私たちが、その本性上いかなる全体主義をも否定する国家に、理解と参加を拒否し、それによって道徳的信用――その国家の自己主張はその信用を認めることに依存しているのだが――を奪うならば、全体主義国家の形態をとって押し寄せる異議申し立てを処理することをどれほど望めるというのだろうか！　ここでそのように容易に生じる不作為の影響に私たちの目を開かせるのは、人間についての科学なのである。

伝承と継続教育

私たちは二つの事例に即しながら科学のもつ解明的な作用を明らかにしてきた。科学はその作用によって、現代の人間が、人間を取り巻く生の迷宮のような構築物のなかで自らの立ち位置を理解し、科学の洞察に従って自らの行為を方向づけるのを助けることができる。この二つの事例から看取されなければならないのは、共産主義の理論と実践が存在解釈と存在形成の対抗事例を示してくれることで、生の解明という課題がどれほど容易になるか、ということである。その対抗事例からは、存在の方向づけという課題に関してできる限り誤りを犯すことがないようにしたいなら、そもそもその生の方向づけという課題に着手してはならない、ということが看取されるのである。

世界史的な意義をもつ現代という時代の命令を正しく理解するためには、今日の科学が負っている義務を原理的な一般性において理解しなければならない――これが私の確信である。けれども、課題が原理的に定式化されればされるほど、さらなるひとつの問いを証明することがますます難しくなる。私たちは科学を特定の形態においてのみ所有している。科学は、私たちの文化圏の歴史的発展のなかで現在のような形態へと仕上げられていったのである。この形態には、科学的な「考え方」と呼ばれうる内的態度が含まれる。そしてこの態度は、何よりも科学の促進を義務とする制度、すなわち大学の精神をなすものである。そこから次のような問いが生まれる。科学と大学は、その歴史的発展を通して、そもそも、そしてどの程度、私たちが本論で展開している課題を引き受ける準備ができているのだろうか。そもそも、そしてどの程度、大学のなかで働く「考え方」は新しい状況に対峙できるのだろうか。

この問いに一概に答えることはできない。なぜなら、科学が伝承される過程には、私たちが論究している時代への応答という課題を促進する契機も妨害する契機も見られるからである。

後者の契機から始めよう。本論の冒頭で、科学が現代の自己理解を明らかにする準備ができているとすれば、それは科学が余計な仕事を引き受けることになるだろう、という理解について論究したが、そのような理解は、私たちの科学的世界に満ちている根本的な考え方に深く根ざしている。**ヴィルヘルム・フォン・フンボルト**が、彼の時代を満たす科学の精神の適格な解釈者として「人文主義」の財産のもとに科学の場所を割り当て、その任務を認めて以来、次のような考え方が支配的であり続けた。時代のうつろいやすい欲求や一瞬で消えてなくなる要求に関わることなく、それ自身のためにのみ探究される真理に「いかなる目的からも離れて」奉仕するという目標のもとで展開される場合にのみ、科学は科学たりうる、という考え方である。この目標規定は、例えば、科学が歴史のなかでそのつど引き起こされる問いや不安に対して無関心であってよいという意味ではない。しかしながらその目標規定の基礎には、科学は、それがどのように利用されるのかを最初に考えることなく固有の領域を構築する場合にのみ、時代が科学に期待するものを、時代に対してもっとも確実な仕方で与えるのだ、という確信がある。そのような慎み深さによってのみ、科学は、科学に身を捧げる人間を精神の主権という高みへともたらすことができ、人間自身もまた、期待された援助を時代に対して後から行うことができるようになると考えられている。このイメージに従って時代と科学の双方を結びつけるものは、時代を超えた真理と関わるなかで人間が手に入れる成熟と知恵なのであり、時代との関わりを科学に義務づける論理的強制ではない。このイメージにもとづくならば、時代と関わることは追加の仕事、その切実性や不可欠性に関わりなく、真理の探究を目的とする科学の本務とは無関係の仕事となる。たとえその仕事を引き受けないとしても、本務として要求された目的は達成されるのだ！

このイメージが今日なおいかに多くの人々の考えを支配しているか――このことを、少なからぬ大学教員が次のような考えを表明しているという事実が教えてくれる。私に委ねられた科学を、現代の生のなかで科学が果たす機能について考えることなく、純粋な真理感覚のもとで大切に扱い促進するならば、そしてこの科学へと導き入れられるべき若者を上で述べたような考え方へと教育するならば、それによってすでに私は、現代という時代に対する責任を完全に果たしている。なぜならそれによって私は、私自身のなかに、そしてまた私の指導に身を委ねた若者のなかに、科学者に対する時代からの期待に真剣に応えようとする態度を形成しているからである。時代を超えた真理への純粋な専心は、時代との関わりによって脇道にそれることはない。その専心は時代との関わりを乗り切る力を与えるのだ。

私たちはこのような表明に次の確信を対置する。そのように課題を二分することは、おそらく歴史の進展の一定の段階までは正当であり、行われてしかるべきだったが、近年の時代の発展によってすでに幻想となっている、と。自己自身とその構成要素である科学を自己否定の危険から守ろうとしない現代という時代は、その生の営みを見通し支配することを学ぼうとするならば、次のような科学に向かわなければならないのだ。すなわち、自己の解明という課題を、目的に到達した真理認識の追加的な応用として付属的に処理されうる仕事と見なす科学ではなく、この生の焦眉の問いをその思考の端緒において何よりもまず取り上げる科学である。科学の力が発揮されることで時代は初めて自らを認識し制御できるようになる。科学は自らをそのような力として捉えることを学ばなければならない。周知のとおり**ヘーゲル**は、個別具体的な哲学と、その哲学が現れる時代との関係を、哲学は「その時代を思考において把握する」(訳2)と表現した。それによってヘーゲルは、哲学が全体として展開するはずの普遍的真理は、まさにこの特定の哲学の形態をもたらした時代についての真理を、例えば帰結や応用として自らの後ろに従えるのではなく、全体の不可欠の要素として**自らのなかに含んでいる**のだ、と言わんとしたのだった。全体を把握することは、全体の現在の個別具体的な形態を把握することを意味する。全体の現在の個別具体的な形態を捉え損なうことは、全体を捉え損なうことでもある。私たちの見方によれば、現代の科学に課されている義務も、まったく同じように理解されなければならない。科学は、自らの時代についての知識を、この問いを考慮に入れることなしにすでに全体へと仕上げられた知識のなかから、帰結や応用として導き出し展開するのではない。個別科学への分化によって、このような観点は容易に失われていく。それにも関わらず、あるいはむしろそれゆえに、科学は、今まさに着手した研究の一つひとつが全体との関連において、しかも研究の全体のみならず生の遂行の全体との関連において何を意味するのか、という問いを研究のあらゆる時点で呼び起こし、保ち続けなければならない。一言で言えば、科学は、まさに今見ているものが現実とどのように関係するのかを、研究者と教師につねに意識化させておかねばならないのである。

同じ要求を、古典的思想家の時代以降、今日まで決着のついていない教育者の論争を例に、別の形で表現することもできる。私が念頭に置いているのは、「一般教育」と「職業教育」の関係をめぐる論争である。教育的な良心から、「一般教育」の課題を正しく解決するには「職業教育」の問題を単なる「実際上の」生の関心事であるとして「一般教育」から注意深く除外しなければならない、と考えるなら、それは、時代を超えた「純粋な」科学と時代の問いに向かう科学を分離することと同じである(原3)。というのも、職業の分化やそこから生じる職業課題の専門化という現象には、時代の個別具体的な性格がもっとも鋭く表れているからである。すなわち、後になって初めて時代に向かうのではなく、今まさに時代に向かうよう科学に要求が向けられるとすれば、科学は現代社会の職業構造を研究対象とするよう要求されてもいるのである。そして科学がその要求に応じるとすれば、それは科学がその「教育的」機能に不誠実であることを意味せず、むしろその機能を初めて十分に満足させるのである。というのも、自らの個別具体的な職業を生の全体の部分的表現として捉えることや、この生の全体が自らの職業のなかに生きて働いている様子を捉えることに関心をもたず、そうする能力ももたない者は、「教育のある」人と名乗ることはできないからである。

時代の問いと関わることによって現代の科学と大学は原理的に方向を転換し、フンボルト的な科学の理想から距離を取ることになるように見える。幸いなことに、この距離取りは、その理想を全面的に拒否することと同じではない。反対である。現代の科学の課題を真剣に受け止めるまさにその場合に、私たちにはその理想を堅持する義務があるのである。それはいかなる点においてなのか――このことはこれまでに述べてきたことから明らかである。共産主義は、フンボルトの遺産に関して失われてはならないもの、今日なお少しも犠牲にしてはならないものを私たちにはっきりと示してくれている。すでに見たとおり、このことは共産主義の意図せざる功績である。共産主義は、自己を基礎づけ自己に準拠する科学を、先入見に根ざした疑似科学と置き換えることで、科学が失ってはならないもの――まさに真理と一致する場合にのみ時代にとって科学は救いとなりうるという自己理解――に関して、時代を欺くのである。共産主義が時代に与えないものを、科学は時代に与える。なぜなら、科学は時代の問いや不安を受け止めなければならない、という要求がもっとも誤解されるのは、科学は時代を満たす運動に**依存**しなければならないとする解釈によって誤解が生じる場合だからである。科学は、その誤解のなかで自らの自律を断念するやいなや、時代を助ける能力、すなわち自己理解を求めて格闘する時代が切実に希求する真理に迫る能力を、自動的に失うだろう。こうして私たちは、共産主義という対抗事例から学ぶのである。科学は、時代の傾向の影響から距離を取って自立すればするほど、ますます確実に、時代が自らをよりよく理解することを手助けできるようになるのである。共産主義において見られるような混同から科学を守ること――このことは実に、フンボルトの遺産に忠実であることを意味するのだ。

すなわち、伝承されてきた科学の理想との関係において変化しなければならないものは、問いの**方向性**であって、問いが立てられる際の、あるいは問いが立てられる出発点となる、精神的な**態度**ではないのである。科学は、自らの時代を視野に入れることによって、時代の力に対する忠実な鞄持ちではなく、自立した助言者となるのである。

人間についての科学

ともあれ、ここで要求された方向転換は伝承との断絶を意味するものではないのだが、時代の不安を思考の枠内に受け入れるためには、科学には根本的な組み替えと重点の移動が必要であることに関しては、何ら変わりはない。そしてまさに大学こそ、そこから生じる困難がもっとも敏感に見て取れる場である。大学はその困難をいささかも回避することができない。なぜなら大学は、「研究」という課題と「教育」という課題を統一し、それによって後進の大学人を養成する義務を負っており、現代の生に関わり続けることを逃れがたく求められているからである。

上で原理的に示された課題は具体的にいかなる形において把握されるべきか――この問いに立ち入るには、科学全体の専門分化を視野に入れることが必要となる。その専門分化は、まさに上の問いの光のもとで科学の全射程を明らかにするものでもある。

時代がもたらす困難のなかにある人間に助言を与えることが課題となるとすれば、視線は当然まず**人間**を対象とする科学に向かう。そのなかで人間が自分自身に気づく、そのような科学である。その際、「人間」の概念は広く捉えられるべきであり、その概念には行為や活動や体制や組織も含めて考えられている。それらを生み出すことによって人間は、外部に向けて現在の自己自身を表明するだけでなく、最初の被造物としての人間存在のあるべき姿へと自らを形作っていく。大学の活動を一瞥しただけですでに、この意味で「人間」に関わる科学が大学という組織の活動全体のなかに占める割合がいかに大きいかが看取される。

しかしながら、私たちが取り組む問題設定が視線をまず人間についての科学に向けること――このことはよく見ると、深く基礎づけられたことであると同時に示唆に富むことである。人間についての科学全体について言えることであるが、この科学はまさに、アクチュアルな現代との関わりを拓き、たぐり寄せ、最終的に要求する科学である。というのも、現代と関わることによって、その科学の全研究活動に一貫する根本動因が特定の専門的な方向へと推し進められ、先鋭化されるからである。

人間は**歴史的な**存在であり、歴史性をまとって生を送り、実績を挙げ、あるいは無力をさらし、自らを勝ち取り、あるいは自らを失う存在であること――人間についての科学はこのことを無視したり見過ごしたりすることはできない。けれども、歴史的な存在であるということは、つねに新しい、一回的な、すなわち時間のなかで具体化された存在として生きることにほかならない。すなわち、人間は自らを取り巻き、自らを必要とする**現代**のなかに立場を占め、この現代によって人間の可能性が開かれ、人間にとっての課題が立てられるのだが、このことは、人間についての科学の基礎に置かれている根本的な事態である。すなわち、今日を生きる私たちの生の状況を形作る個別具体的な現代が、その個別具体的な生の困難のなかで、科学からの助言を要求しているとすれば、現代が呼びかける科学のなかでもとりわけ、人間の生きるそのつどの現代が要求する本質を人間のなかに見ることに慣れている科学には、もっとも多くの呼びかけが向けられる。その科学は次の点で他の科学と異なる。すなわち、人間についての科学は、この要求を単に、観察する態度を通して知識を得ることのできる事実として見るだけでなく、自分自身に関わる要求として、観察する態度のなかから自らを外に連れ出す要求として、経験するのである。その科学は、避けることのできない要求が自らに向けられていることを知る。このことは、探究すべき対象に視線を向けるなかで、実にしばしば明らかとなっている。この要求に従うことによって、人間についての科学は、一般には人間の存在と行動すべてが時代と結びついていることを知るのみならず、個別にはその時代の動きに介入することによって人間の存在と行動が活性化するのを助ける。人間についての科学は、単なる観察者という控え目な態度を抜け出し、時代を形成する力を自らに与えるのである。

事柄の本質上、この移行は実にさまざまな程度の意識と表現において生じる。今日でもなお、人間についての科学は、それぞれの部門において、あたかも現代という時代によって完全に密閉された空間のなかで前進するかのように、営まれている。例えば、歴史は、まさに視点のなかにある歴史的な過去のひとつの出来事が、現在を生きる私たちによって目下遂行されている歴史とはまったく無関係であるかのように、研究され教えられうる。けれども、このような分離は、互いに切り離せないひとつの作用連関であることをやめることのない歴史の現実と鋭く矛盾するのみならず、過去を顧みることによってのみ自らの多層的で緊張をはらんだ現実を把握することのできる現代の人間に、生を分断するさまざまな対立のなかで破滅しないために必要となる自己解明を与えないでおくことになるだろう。この例から、専門的な知識を生み出し伝えるためだけでなく、自らの存在をめぐって格闘している時代にその存在と行為の地平を啓示するためにも、人間についての科学が今日どのように進められなければならないか、が読み取れる。そこには、人間についての科学を主導する問題設定の先鋭化さえも見て取れる。すなわち、人間についての科学は、すべての人間的なものが時代に規定されていることを、人間存在の一貫する根本動因として示し、確認しなければならず、さらにその上、科学固有の有効性を通して実際に即しながら証明しなければならないのである。

このような特徴をもつ方向転換を、すでにそれぞれのテーマのもとでこの方向転換の内容や様態を明らかにしている一連の科学の全体、すなわち人間一般、人間の精神、社会、経済、国家、法、教育等々についての科学を通じて追求する必要はない。むしろ、従来の思考に照らして観察するならこの転換を容易に思いついたり、意図的に遂行したりすることがありえない一群の科学について、その転換を証明することのほうがはるかに有益である。人間についての科学には、**医学**部のなかにまとめられている専門学科も含まれる。健康な人や病気の人についての教えを人間についての科学に含めることは当然のように見える。しかしながら、健康な人や病気の人についての教えのなかに人間の歴史性に関わることを主題として含めることは、ほんの数十年前まで馬鹿げたことと見なされていた。医学の基礎をなす専門学科は純粋な自然科学と見なされており、医学は自らを「応用自然科学」と理解していた。しかしながら、自然科学と見なされうるのは、その成果の一般性によって歴史的状況の個別具体性との関係をすべて排除するような専門学科だけである。その専門学科は、そのような関係を考慮に入れようとする場合には、科学としての性格を失うだろう。このことから、医学は、たしかに人間についての科学ではあるものの、人間の歴史的な個別具体化を考慮に入れることを、そしてそれゆえ現代と関わることを、自らの義務だと考えることはおろか可能だと考えることすらないかのように見える。

もっとも、そのような医学と歴史の分離は近年ではますます信頼性を失っている。人間の健康と病気は、歴史的状況の変化とは無関係にそれ自体で存在する自然現象ではない、という認識がますます広がっている。病気は、その本質や由来や作用について見るならば、病気が出現する時代の歴史的な個別具体性に関わりをもつ生の現象である、という見方がますます学ばれている。どの時代も、**その時代の**病気をもつ。すなわちどの時代も、ちょうど光に影がともなうように、その時代の傾向や習慣や営為や機構に応じた病気をもつ。しかし、この認識をそのまま現代との関わりへと置き換えることは、医学という科学にとって自明ではない。なぜなら、医学は人々を助けることを使命とする**実践的な**科学であるため、自らがただ援助者としての職務を遂行できる現代という時代に、まずは広く関心をもつからである。したがって、現代を襲う苦悩を、現代の繁栄と拡大に何が寄与してきたのか、という観点から研究する医学の研究がますます増えていくとしても、驚くべきことではない。そのように振る舞う科学は、自らを「応用自然科学」と理解することをやめている。その科学は、自己理解を求めて格闘する時代についての研究と呼ばれるにふさわしいのである。

付言するならば、医学におけるこのような「歴史への」転換は、個々の人間の診断と処置にも同じように当てはまるに違いない。診断と処置においても、患者のなかに、一般的な自然科学的認識の基礎づけにもとづいて一般的な医学的規則に従って「処置」されるべき「症状」以上のものを見ないという姿勢は、ますます少なくなり、患者の個人的な「歴史」を考慮に入れることが必要だと考えられるようになっている。そして、この個人的な歴史はもちろん、一般的な存在の条件――その条件のもとで個人は人格へと成熟するのだが――の全体から切り離すことができないため、個々人の現状を診察する際の不可欠の背景として、時代の現状の全体に対する理解が必要とされる。全体としても部分としても、医学の思考は、そこで自らも職務を果たす現代という時代と関わらないことはありえない。自然科学の領域に隣接する医学の事例においてさえ、人間についての科学は、その思考のアプローチのなかに、現代と関わる余地をもたざるをえないのである。

人間以外のものについての科学

私たちの眼差しを人間に関わる科学ではなく人間**以外の**現実に関わる科学に向けるならば、問題はまったく別の顔を見せる。私たちはその科学を「自然科学」と呼ぶ。その場合に表れる変化の根本的な理由は、ここで現れる対象の世界は歴史性とは無関係だという点にある。動物や植物や無生物は「歴史」をもたない。それゆえ、それらの存在や振る舞いにとって、それがいかなる時空間を占めるのか、という問いもまた重要ではない。これに対応して、この領域に割り当てられた科学は、人間についての科学が不可欠の契機として取り上げる時間のなかでの個別具体化を、研究対象から排除する。自然科学は、時間の変化を超えて続く形態や秩序や連関を探究する。それゆえまた、上で述べた人間についての科学がそこで活動を行う個別具体的な時間との関係、言い換えると現代との関係もまた、自然科学の視野には入りえないことになる。これらにもとづくならば、この自然科学に属する専門学科は、時代の問いや困難と関わることを要求された場合には、自らを棚上げして本務とは無関係な役割を引き受けるよう要求されているかのように見える。自然科学の方法上の性格は、現代と関わることを自然科学に禁じているように見える。

もっとも、ここで示されたような科学とその対象との、原理的な必然性にもとづく関係の変化は、自然科学のすべての分野のなかに同じように明確に表れるわけではない。その変化がもっとも鋭く表れるのは**数学的**自然科学、とりわけ統一的に体系化された専門学科である物理学と化学の領域においてである。これらの専門学科の特徴は次の点にある。すなわち、自然科学に割り当てられた対象は、その特質ゆえに、歴史のなかで個別具体化されたものに対する離反をすでに示唆しているのであるが、その専門学科に固有の方法はその離反をさらに鋭く論理的に浮かび上がらせる点である。これらの専門学科の方法は、自然の出来事を数学的関係に還元するという仕方で規定され、用いられる。けれどもこの数学化は、その性質上、自然の出来事がそこで展開されるあらゆる個別具体化を超越することでもある。数学化とは、個別具体的なものをすべて、単に今ここでのみ当てはまるのではなく、つねにどこでも当てはまるような一般的な関係に還元することである。個別具体的なものに立ち戻る試みはすべて、自然科学において支配的な方法を否定することに等しいだろう。

私たちが以上で考えた特長、すなわち数学的自然科学とそれに親和的な技術の双方を特徴づける分かりやすさ、そしてこの科学の合理性から生じる曇りのない透明性は、このような方法上の自己完結性に由来する。時間のなかで自らを個別具体化するものと関わろうとする場合には、その合理性は避けがたく損なわれるだろう。その関わりを認めることは数学の体系を破壊するだろう。

以上で述べたことにもとづくならば、人間以外のものについての科学は、人間についての科学に課されている義務、すなわち時代を助ける義務をすべて免除されているように見えるかもしれない。もっとも、ある明白な事実がこのような結論づけを妨げている。自然科学と技術が協力して日々行っている事柄は、時代に対する援助のなかで、もっとも有意義かつ不可欠の働きだ、という事実である。そして、さらに注意すべきは、自然科学と技術は、時代に対して直接関わることを自らに厳しく禁ずるがゆえに、またそうすることによってのみ、時代を助けることができる、という点である。なぜなら、自然科学の認識の正確さ、言い換えれば自然科学の成果の応用可能性は、時代や個別具体的なものとの関わりを自らに許すその程度に応じて、低下するからである。すなわち自然科学は、厳密な方法にもとづく活動のなかで時代に背を向けるまさにそのことを通して、時代をもっとも十分に満足させるのである。なぜなら、このような態度においてのみ、自然科学は、時代が好んで利用する果実を収穫することができるからである。時代にできる最良のことは、科学の活動をまったく邪魔しないことかもしれない。

私たちは前で、自然科学と技術の内的な体系構造を考慮しないまま、生の構成の全体におけるそれらの立場や、生の営為の全体におけるそれらの機能を捉えようとするならば、見通されるべき連関の明解さと透明さが根本的に失われることを確認した。もっともこの結論は、自然と歴史をそのように厳密に境界づけることによって問題が解決されるわけではない、ということもすでに私たちに教えている。生の全体における自然科学の立場や機能を捉えようとするやいなや、科学に固有の方法は、科学の形成の土台となる時代を考慮に入れることを禁じていることが明らかになる。しかしこのことは、時代に対する自然科学の関係は、時代から自らを切り離した異質な関係とまでは言わないまでも、時代のすぐ外側に立つ者の関係なのだ、ということを意味しない。実際はまさにその反対なのだ。計算する科学はその数式において時代との関係を消し去ってしまうのだが、まさにこの理由によって、科学は、それを実践的に有効活用することで時代の顔が決定的な変化を被るような成果を生み出すのである。この変化がどこに見られるかを思い浮かべるには、次のことを思い出すだけで十分である。すなわち、数学的自然科学と深く結びついた技術によって、経済生産の様式、社会の構成、一般の人々の生の慣習、さらには平時の、あるいは戦時の関わりの形式がどれほど変化させられているか、を。

このように私たちは、熟慮すべき事実と向かい合っている。すなわち、ひとつの科学が、時代との関わりを厳しく差し控えるまさにそのことによって、時代を新しい姿へと変化させている、という事実である。この変化がいかに深く進行しているか——このことは、上で言及した、軽く一瞥するだけで見て取れる外面の変化を確認することで満足するのではなく、その方法によって時代と自らを完全に切り離すことのできる科学を時代がその膝元から生み出すやいなや、時代の**精神的な**習慣がどれほど変化したか、を見る場合に初めて明らかになる。この科学を通して展開された観察様式が同時代人の思考に根づき、人々が世界と関わる仕方に影響を及ぼす時、人々の内的生のなかにひとつの区別が生み出される。それは、人間と世界との関係を完全に変化させるような区別である。すなわち世界は、自然科学の方法で把握される限り、計算可能で支配可能な「事物」、自由に用いることのできる「手段」として人間が追求する「目的」に役立てられる「事物」の総体へと変わってしまうのである。二つの相対立する立場が同時に出現する。ひとつは、科学によって準備された、不断に拡大を続ける膨大な手段の一覧表としての世界、もうひとつは、科学によってますます活動の可能性が広がった、目的を設定する者としての人間である。注意すべきは、このような根本的な関係の変化は、それ以前の世界との出会い方によっても準備されていたとはいえ、数学的自然科学の出現とともに初めて完成されたという点である。完全に計算可能な世界は完全に支配可能な世界である。計算する自然科学によって初めて、人間と事物、そして目的と手段が、この上なく厳しく分離されるのである。

一見するとあたかも、右で述べた変化の意味は、人間が自らの目的の実現によりよく成功すればするほど、確認されるかのように見える。この全体の変化は、世界支配における「進歩」を意味しているように見える。もっとも、そのような判断は、事態の一面しか見ていない。外面的な世界支配の拡大には、人間の歴史の不吉な転換点に数えられるべき内面の転換が対応しているのである。

まず、人間と世界の二項対立が明らかに現れることによって初めて、人間は、目的を設定する使命と手段を使用する能力をもつ主体としての自分自身が出会う世界の出来事に、意識的に関わるようになる。それ以前には、自らの全権に委ねられた事柄と、そうでない物事の流れを厳密に切り離し、この全権に結びついた責任の重さを先入見なしに価値づけることは、人間には不可能だった。

続いて、このような釈明の光に照らされて、人間に開かれた活動の可能性の、目がくらむほどの大きさと途方もない両義性が明らかになる。人間は誘惑に気づくことになる。そして、原子力科学の時代を生きる現代人は、その誘惑の危険性をすぐにでも直視しなければならない。

最後に、この活動の可能性を開く科学の形態をとって、人間にひとつの思考形式が与えられる。その思考形式は、科学の提供する破壊の道具によって人間という種の外的な存続を疑わしくするのみならず、科学がその権限の及ばない人間の領域へと広がり、その領域内の秩序を科学固有の枠組みに暴力的に適応させることによって、人間の内的な完成形態に危険を及ぼすことにもなる。

共産主義を基礎づける教義の功績は、このような自己省察からもたらされた洞察をその教義の枠組みに一切取り入れようとせず、それによって、この洞察が生にとって重要であることを浮かび上がらせたことである。共産主義の教義は、外れることのできない歴史の過程のなかに人間を有用な歯車として組み込むことで、人間が担う責任の意識を抑圧する。共産主義の教義は、歴史の過程の不動の支配者として「進歩」を掲げることによって、世界支配と同時に現れる意志の両義性の意識を抑圧する。そして共産主義の教義は、自然科学を通して導入された思考形式が理論的にのみならず実践的にも人間に関わる物事の秩序を技術的に構成され支配された装置へと浅薄化し脱精神化することを通して、その思考様式を助けて世界を支配させる。このいずれにおいても、共産主義の教義は、人間に生の状況の省察を可能にする科学の敵対物なのである。

自然科学と自己省察

前節までに私たちは、科学によって逆説に満ちた形で開始され継続されている歴史的な経過を、幅広い射程において分析してきた。その科学は、方法上の性格ゆえに、すべての歴史的なものに対する眼差しを閉ざし、科学自体が引き起こした歴史的な大変動を、その固有の地平の内部で見ることができない。自然科学と生の全体との関係を問うことで私たちが足を踏み入れた考察は、それ自体は自然科学的な考察ではない。その考察においては自然科学の思考の境界は乗り越えられる。けれどもそれによって、私たちの考察は、科学的な考察、あるいはより正確には科学的な構成を必要とする考察でなくなるわけではない。先に行った論究に従えば、その考察が科学の体系のどこに位置するかは明らかである。その考察のなかで発言したのは、**人間**についての科学だった。存在全体の構成のなかで自然科学にいかなる意味が与えられるべきかを考える者は、人間の外的および内的な運命に対する自然科学の関わりについて考える。すなわち私たちは、事柄の本質を考え抜いた後で、人間以外のものについての科学に移行するとともに私たちが表向き別れを告げた人間についての科学へと連れ戻されるのである。

もっとも、このような立ち返りが確認されたからといって、それは、自然科学の専門学科が生にとっていかなる意味をもつのかが論究される時には、自然科学の研究者は沈黙しなければならない、という意味に誤解されてはならない。それが確認されることで肝に銘じる必要があるのは、ただ次の点である。すなわち、自然科学の研究者は、生にとって自然科学がもつ意味を問う時には、自動的に自然科学の研究者であることをやめ、人間のなかにその対象をもつ科学の領域へと足を踏み入れているのだ、と。

ここで取り上げているような性格の問いに直面する時、自然科学の研究者の多くは戸惑いを感じるのだが、その理由は以上のことから理解される。自然科学の研究者は不確かな感覚に襲われる。そのような問いに関わることは、日々なじみのある自然科学の領域を離れ、そのための十分な力をもたず、その有益な終わりを信じることもできないような精神の冒険に乗り出すことになるのではないか、と。方法的に十分に確立された自然科学の領域への定住によって、そのような自己閉塞の傾向が助長されていることは疑いえない。それを越え出る問いは、人間の営みを対象とする研究者に委ねることができる、あるいは委ねるべきだと考えられているのである。

けれども、このような自然科学の境界を越え出ていく問いを不自然に、また暴力的に閉ざすことは退けなければならない。なぜなら、人間の存在を満たす活動が生にとってもつ意味について考察することを控える姿勢は、人間にとって、とりわけ研究者にとって、最終的にはふさわしくないからであるが、理由はそれにとどまらない。両義的な恩物が自然科学と技術という双子のきょうだいの形をとって人間の精神の手中にあることを、専門家集団のみならず一般の人々もまたはっきり認識している。この事実が今日の人間にとってどれほど重要であるかを考える場合にはとりわけ、先の問いを閉ざす自然科学者の姿勢は、矛盾を引き起こすに違いない。この恩物の管理を委ねられた自然科学者が、自らの思考をこのような生の問いにまで推し進めることを、拒否するとまでは言わないまでも控える場合には、そしてあたかも彼の課題は養成教育と継続教育を誠実に行うことだけであるかのように自らの科学を営む場合には、彼は一般の人々に対して、現代の生の状況が要求するものとは正反対の行動の例を示すことになる。というのもこの状況は、この不吉な能力の自己管理を、前例のないほど強く要求するからである。

周知のとおり、原子力研究者は一般の人々の公論のなかに現れ出ることによって、先で非難した禁欲を行うつもりはないことを証明した。彼らの数多くのマニフェストは、彼らに委ねられた科学を忠実に促進すること以上の義務を彼らが意識していることを証言している。しかし私は、彼らの出現を決定づけた洞察は、大学における彼らの科学の営みにおいても実を結んでいる、という印象を受けない。大学においてなお続けられているのは、教育を通して伝承される専門学科の**内部に**取り組むべき課題を探し、彼方に現れる危険地帯にはちらりとしか眼差しを向けないような科学の営みである。けれども、それで十分とするわけには本当にいかないのだ。大学にふさわしいのは、この決して副次的ではない事柄を、科学性の水準を下げることなく、原理的な明確さを保ちつつ、次のように問いながら扱うことである。自然現象を数式へと変換し、またそのようにして形式を整えられた自然の力をコントロールする可能性や要請を含む関係を世界との間に取り結ぶことが、人間の本質の展開と運命の形成にとってそもそもいかなる意味をもつのか、と。このような人間と世界との関係は、数学的自然科学に精通する者が考えるほど自明でも透明でもない。この関係について考える者には、科学によって引き起こされた存在の脅威を前にもはや見通しをもてない末裔だけを生み出すような問題の深淵が口を開けて待ち構えているのだ。

何事も私から次の確信を取り除くことはできない。この問いを根本的に、最終的な根拠にまで遡って扱う使命を負うことがもっともふさわしいのは、本論で言及した、研究を通して科学の発展に尽くすのみならず、教育活動のなかで科学を後進世代に伝えることを課題とする科学者だ、という確信である。なぜならまさに彼らこそ、ここで行っている考察への幅広い共感を見出し、若い世代への伝達を通して一般の人々の思考に、絶滅の脅威を前に切実に求められている方向性を示せる見込みがもっとも高いからである。もしも**その科学者**がここで口を開けている、真に途方もなく深遠な問いを扱うことを拒むとすれば、彼らに代わる誰が、同じくらいの成功の見込みをもって、時代に必要な洞察を広めることができるだろうか？

まさにここにおいて私たちは、私たちの携わる大学教育上の問題がそのもっとも喫緊のアクチュアリティを獲得する地点に到達した。前で論じてきたような性格をもつ科学を大切に扱い促進するだけでなく、時代が自己を理解するのを助けることが実際に大学の課題であるとするならば、それは次のように認識することをも意味する。この自己理解の追求は、自然を計算可能にし処理可能にする理論的、実践的な努力である科学を価値づけ、位置づけ、方向づけ、限界づける際にもっとも必要となるのだ、と。科学者がその職務を、なるほど老練な熟達者の確実さをもって進めるものの、根本のところでは「科学が何を行うのかを知らない」といった仕方で進める場合には、自己を理解しようとする時代の努力は、根拠に遡る姿勢を決して手放してはならないまさに大学という場所で、「断念すべし」という判決を下されるのである。自然科学を規定する方法が人間と歴史を思考の視野から完全に除外するために、自然科学が開いた行為の可能性が両義的なものになることを、私たちは見てきた。この科学に定住している者を省察へと促す必要性、すなわち科学者の視野に人間と歴史を入れ、それによって科学者の思考の本質や範囲や限界や危険性を認識させる省察へと促す必要性に、目を閉ざしてはならないのだ！　しかしながら、その省察が不可欠だと確信していない大学教員が、科学者をその省察へと成功裏に導くことは、ありえないのである。

救いの力としての科学

科学は現代に対して重要な義務をもつ――この考えを引き受けようとする時、抵抗感を抱く大学教員は少なくない。けれども、急いで付け加えたい。前で詳論した科学者は皆、真理の探究という直接のアクチュアリティを欠いた課題と現代との関わりという課題とが重なり合うという考えをもっていないだけなのだ、と。このように言えば、先の抵抗感は、消滅しないまでも弱められるだろう。現代が孤立させられるならば、現代がまさに目指している自己理解を得ることは困難となる。この理由からも、科学が現代との関わりを排除することはあってはならないのである。どの時代も、**単に**表に現れているものよりもはるかに多くのものを含んでいる――これは、人間についての科学が私たちに明示している根本的な真理である。新しく不慣れなのはただ次のような要求、すなわち、何が科学教育の対象となろうとも、その教育を実地に応用する現代との関係は、省察という光のもとに引き寄せられなければならない、という要求である。仮にこの要求に対して、現代と関係を取り結ぶことは多くの場合不可能であるか、あるいはきわめて人為的な準備を通してのみ可能だ、と反論されるならば、さらに次のような論駁を返さなければならない。科学の研究の唯一の対象がまず存在し、その対象を起点として、その対象と関わりをもつ現代に向けて未開拓の道が延びている、などといったことは実際には存在しないのだ、と。この主張を補強するには、単に次のことを確認するだけで十分である。現代は、科学が問題とする対象と自らの生の状態とが結びつけられないならば、その対象と関わることについて関心を抱くことも可能性をもつこともない、と。この結びつきがまったくないところでは、科学の研究にきっかけを与えるかもしれない現代との関わりも生じない。時代は科学の研究の対象と結びつきをもつ必要も意欲もない、それゆえ科学の研究の対象となるかもしれない多くのものは気づかれないまま放置される――精神の歴史は、この真理を途切れることなく描いたものである。時代が科学と結びつこうとするならば、それは、科学が問題とする対象が時代にとって疎遠でも無意味でもなく、その対象がもつ何らかの、おそらくきわめて副次的でほとんど気づかれない性質によって、その時代の関与をつなぎ止めていることの証明である。この意味で、表に現れていないものもまた、それが注目されるならば、そして注目される限りにおいて、現代的なものなのである。そして、現代に含まれる表に現れていないものを考慮に入れる者だけが、自らの時代を理解できるのである。

まさにこの取り除くことのできない絡み合いを拠り所として、とりわけ教育を通して伝承される科学に要求が向けられるのである。すなわち、科学に内在する現代との関係を、考慮もせず制御もしないまま消え去らせることなく、意識的な省察の光のもとで浮かび上がらせ、混迷する時代の自己探求にとっての助けとして活性化させよ、と。

もちろん、次のように付け加えなければならない。たしかに、長い努力を経て自ら対象としてきたものに科学が背を向けるなどと想定することはできない。けれども、現代の問いや困難との関わりは、十分な準備なしに自ずから生じるのではなく、さまざまな形で専門分野の分け直しや重点の移動を不可欠なものにする、と。本論で論じてきた要求が聞き届けられるならば、大学の教育計画は今とはさらに異なる様相を呈し、大学の教育活動はさまざまな形で置き換えられなければならなくなるだろう。それゆえ、この要求を受け止め、あるいはその要求に応じる準備をすることは、明らかに大変なことなのだ。

それにもかかわらず、恥じることなく私はこの要求を掲げよう。その際に決定的なのは、ひとつの実に単純な確信である。人間は、艱難に満ちた遍歴の果てに、善い意志によって克服されるべき部分的な混乱などではなく、存続かそれとも絶滅かという問いに直面する地点に明らかに到達している。この問いに対して満足な答えを与えることができるのは、現代を生きる者が、存在を形作るエネルギーを、割り引くことなくすべて投入する場合のみである。さらに、十分に時間をかけてこの救いの力を傾注することは私たちにはできない。時間は迫っている。どのような先延ばしも終わりを意味する。何よりもまず動員すべきエネルギーは科学である。科学**だけ**で不幸を追い払うことができる、あるいは科学**だけ**がその使命をもつ、と信じてよいのは愚か者だけである。しかしまた、科学**なし**で人間は言語に絶する混乱からの出口を見出すだろう、と信じてよいのも愚か者だけである。科学がその力を十分に発揮できないならば、私たちはもはや希望をもてないのである。

　現代という歴史的時代をこれ以上ないほど甚だしく存在が脅かされた時代と見なす以外のことは、私にはできない。繰り返し議論されてきた大学改革の問題に、本論で論じたような仕方で根本から着手することが必要である理由は、それ以外にはないように思われる。しかしながら、現代人がそのなかを手探りで進んでいる暗闇を照らし出し、現代人が至る所で巻き込まれているもつれを解きほぐすことを自らの最重要課題と見なしている科学——このような科学への着手が現代人からいかに歓迎され感謝されて受け入れられているかを、一連の経験が私に教えなかったとすれば、おそらく私は、それほどまでに重大な提案を行う勇気をもたなかったであろう。そしてまさに、本論の冒頭に置いたような「学外の」活動こそ、その活動を要求された科学者に、右のような経験を与えるものなのである。学外の活動を通して科学者は、つねに新たに気づくのだ――同じ時代を生きる人々がいかに熱心に、人々を取り巻く生の状態の錯綜を貫く見通しを得たいと望んでいるか、そしてこの錯綜から自由へと通じているかもしれない小道を示されることを求めているか、ということに。現代人は、自分自身の存在形式をもはや把握していない、しかしその存在形式を分節的で段階的な思考を通して把握したいと切望している。私はこの確信を、実にさまざまな生と労働の集団と出会うなかでつねに新たに確認してきた。私がこの経験から必要な結論を引き出したり、科学は決定的な瞬間に時代を見殺しにしてきたのだと言われないために科学は密かに何を行わなければならないかを「学外の」世界から教えられたりしたとしても、それは決して誇張でも不遜でもないように思われる。

原注1　そのような前提から生じる大学の理想がいかなる姿を取るのかを確信したいと望む者は、ソビエト占領地域の高等教育を管轄する局長W・ギルヌス(訳3)が一九五七年六月一四日に同地域

の大学の学長会議で行った講演「社会主義の大学の理念」(一九五七年にベルリンで出版された)を読むとよい！　その講演は同時に、科学と大学を時代の自己理解と自己構築に役立てようとする固い決心の証言としても示唆に富む。

原注2　西側と東側を分けるものは、向こう側とこちら側を支配するイデオロギーの対立にすぎず、双方のイデオロギーは互いに理解し尊敬し合うことを学ばなければならない——この考えは「フランケン学派」——彼らだけではないが——が主張する考えである。例えば、シュナイダー教授の論考「全ドイツの発展についての展望」(F. P. Schneider : Aspekte einer gesamtdeutschen Entwicklung. In : „Geist und Zeit", Düsseldorf 1956.)を参照せよ。この立場では、東側において科学とイデオロギーが同一視され、西側において科学とイデオロギーが区別されているとしても、それは重要ではないと考えられている。しかしながら、まさにこの科学とイデオロギーの区別こそ、自由な世界の精神をもっとも明確に表すものである。本来、西側ドイツの大学教員はこのことを知っておかなければならない。

原注3　この分離の一例を挙げよう！　一九五七年、「科学のための企業家連盟 Stifterverband für die deutsche Wissenschaft」は「専門教育と一般教育」をテーマとする経済界の代表と大学教員の討論会を企画した(Sonderdruck des Stifterverbandes für die deutsche Wissenschaft. A57)。この討論会においてW・シャーデヴァルトは、古典的人文主義の考え方を代表して次のように述べた。「一般教育は、経済界の方々がご覧のとおり、まさに生の諸課題を克服するための入門教育として機能しています。告白するならば、これはかねてより私の心の小部屋につねに密かに抱いていた考え方なのですが、

真の、正しく理解された一般教育とは、例えば人文主義の時代にイタリアにも存在していたようなものであるべきなのです。そこでは例えば貴族の書記が、二日後のガレー船の指揮について優美なキケロ風のラテン語で文書を書いていたのです。幅広く人文主義の精神にもとづく教育を受けた者は、どのような実践的な行動に対しても最良の準備態勢を備えている――まさにこの考え方こそ、古くから人文主義と人文主義的教育において繰り返し強調されたものなのです」(a.a.O. 29)。私たちは今日においてもなお、生に目を背けるそのような「一般教育」の救いの作用を信頼することができるだろうか？

「人文主義の精神」は今日においても、まさに時代の人々の精神に浸透することを通して確証されなければならない――この考えを初歩的にでも理解している者は、教育者の間でさえほとんどいない。この事実が、人文主義を論じる議論の粗雑さを示している。例えばある批評家は、上で述べた方向を目指した私の考察は次のように書き換えるべきだと考えている(H.Hahne : In der Pause. Stuttgart 1956, S.93)。すなわち、教育は「支配的な時論」(！)に従って行われるべきであり、学校はその時論に「積極的に対応」しなければならない、と。彼の考えによれば、私は何が何でも「現代性」を擁護しているらしい！　さらには、「若者は**とりわけ**自然科学と技術の理解を目指して教育されねばならない」という主張をごくわずかにでも暗示するものが、私の著書のどこに見出されるというのか？　この批評家が引用した拙著(「ドイツ古典主義の教育の理念と現代労働界」"Das Bildungsideal der deutschen Klassik und die modern Arbeitswelt")で私が書いているのは正反対のことである。私の考えでは、まさに教育者こそ、他人が語ることに真摯に耳を傾ける心構えと能力をもつ者でなければならない。自分が都合よく作った案を打ちのめすのは、難しいことではない。

訳注1 ラッセルは第二次世界大戦後、一九五五年の「ラッセル・アインシュタイン宣言」の発表をはじめとして、核兵器廃絶のために精力的に活動した。

訳注2 『法の哲学』（一八二一年）の序文のなかの一節。

訳注3 ヴィルヘルム・ギルヌス（Wilhelm Girnus, 1906-1985）一九五七年から一九六二年まで東ドイツの高等教育局長を務めた。

II　現代という時代の自己理解

自己理解の本質

自らの時代の精神を肯定的に評価しようとする欲求が現代人ほど強かった世代は、人類の発展のなかで一度も存在しなかった。現代人の内面のできる限り詳しい解説書を発行するためにどれほど大量のインクが注がれているかを見ると、驚きを禁じ得ない。ある見出しを掲げることのできる一群の書物が現れている。「現代という時代の自己診断」という見出しがそれである。

このような自己探究への熱意は、その熱意とともに生じてくるものが人々に敬虔な心情をもたらすのならば、歓迎されてよいかもしれない。しかしその熱意に関しては、残念ながらいくら努力してもそうは言えないようである。何より、この自己理解という主題は、現代人を強く突き動かす問いがことごとくそこに陥り犠牲となる運命を免れていない。すなわちその主題は、「時機にかなった」対象を扱うなかで精神の光を多彩に輝かせることを目指す人々の心を、特別な熱意とともに強くとらえているのである。つねに自らが時代の高みに立つ者であることを示そうと望む者は、このアクチュアルな主題について何かを語ることを自らの義務だと感じる。不愉快にも、専門家気取りの事大家や三面記事並みの冗舌家による解説が幅を利かせている。しかしながら、大げさな物言いをする疑いのない者が私たちに語らねばならないことも、ほとんど私たちを喜ばせはしない。そうした人々の口から私たちが耳にするのは、私たちに励ましどころか落胆を与えるような現状認識である。これ以外にはありえない現状をはっきり認識しなければならないのだ！　診断の結果、自らの健康を確信する者ではなく疑う者として自らを理解することが私たちには求められるのである。注意を惹くのは、正常な機能の流れに合致した現象ではなく、その流れを妨げる現象である。それゆえ私たちは、時代の診断者がもっぱら、その考えによれば現状のようにあるべきで**ない**ことについてのみ語るとしても、驚いてはならないのだ！　このような探究にひとたび関わりあった者は、現代の有機的機構の全体のなかの脆弱な部分に強く注意を引きつけられるように感じるのである。

けれども、時代の探究者がこの引力に屈することで、その探究者自身の観察様式と判断様式がいとも簡単に、根本的に変質する。身体の疾患を診断する医者が、この疾患の現れを理由に患者を非難することはない。疾患が現れたことに対して、医者は通常何もできない。しかし、自らの時代の精神的な慣習を、場合によっては不十分な教養にもとづいて探究する者が相手にするのは、人間とは無関係に生まれつき存在するわけでも今あるような仕方で存在するわけでもないような事態である。その事態は明らかに人間の意志と行為によって、今日疑念を抱くきっかけとなるような形態へと形作られているのである。こうして、誰が、あるいは何が、いかなる人々が、そしていかなる人間の営為が、時代の苦悩のもととなっている不十分な教養に責任を負うべきなのか、という問いがここに浮かび上がる。そしてまた、診断者は告発者に、告発者は裁判官に、ほとんど気づかれないうちに移行するのである。時代の診断から時代についての審判が、あるいは時代の異形に責任を負うべき人間と権力への審判が生じるのである。容易に見て取れるように、このような役割の転換を誰よりも心から歓迎しているのは、公衆という投光器の光のなかに身を置くことに慎重な人々にほかならない。というのも、自らの時代を裁く権限と能力が認められるのは、裁かれるべき過ちを犯していないことを自認する人々だけだからである。そのような人々が裁判官の役割を果たすことは、すなわち、自らの無実の証明となる。自らが下す厳しい判決によって、有罪を宣告された過ちから自らがどれほど超然としているかを、自らと世界に対して証明することは、なんという無上の楽しみであることか！ そして、自らの無垢の後方に時代の堕落を置く時、その無垢はいかに明るく輝くことか！

このように時代の自己批判がうぬぼれた独善の刺激剤に頽落するのを前に、まさにこのような自己分析の出現と拡大こそ、闘うに値する時代の過ちだと見なす傾向があるように感じられる。けれどもここで、精神的、歴史的な生においてはいつものことだが、精神的な運動の正しさや意味を誇張や過大評価にもとづいて——たとえその誇張や過大評価はつねに、真剣で十分に根拠づけられた努力に続いて現れるものだとしても——判断しないよう注意しなければならない。問題とされるべき事態に群がる、センセーションを渇望する大勢の野次馬たちは、問題とされるべき事態とは無関係である。**真の**自己理解を苦労してでも手に入れなければならない理由が、私たちの時代にはあまりにも多いのだ！

その理由を私たちは、この自己理解の本質と課題について自らに釈明する場合に初めて認識することができる。その釈明が必要なのは、この自己理解という語で考えられている自己探究の仕方は、表面的にはそれと似ているが核心においては異なるような問題設定から区別されなければならないためである。

私たちの行う自己探究から区別されなければならないのはまず、人間はただ行為するのではなくつねに特定の**状況**のなかで行為しなければならない存在であり、それゆえそのつど人間を行為へと駆り立てる状況についてイメージしなければならない存在でもあるという事情のために、人間が行ってしまうような考察である。その状況のなかに示される可能性、その状況から生じてくる誘惑、その状況のなかで密かに待ち構えている脅迫――一般にはこれらの事柄をすべて取り上げ、それに拘束されるにせよ、それを拒否するにせよ、それから身を守るにせよ、互いに慎重に比較考量しなければならないと考えがちである。このことは個々の人間に対してのみならず、共通の意志と行為を志向して集まった人間の集団にも当てはまる。けれどもこのような考察は、もっぱら人間に負荷をかける状況に、すなわち人間の眼前にある**対象**に向けられており、したがって「**自己**理解」という標題のもとに含めることはできない。そのためこの種の考察は、私たちの用件である自己理解という精神の態度から区別されるのである。

他方で、**自己**に向かう点では同じであるものの、ここで解明されるべき「自己理解」とは異なる仕方の省察がある。人間は始源からの本性として、人間に差し出された世界を解明するだけでなく、この世界における、またこの世界に対する自らの立場をも、程度の差はあれまとまりのあるイメージにおいて解明しようと試みる。世界の現実との太古の取り組みを私たちは「神話」と呼ぶが、その取り組みはすでに、世界を創造し支配する力、自らを超えて支配していることを人間が知っている力を魔力で呼び出すことであるにとどまらず、同時にまた、この力にさらされた者、解くことのできない絆でその力と結びついた者として人間自身を特徴づけるものをイメージすることでもある。それ以来、自己について宗教的な信仰や民族の知恵や詩的な告知や哲学的な省察の形をとって予感され、究明され、思い描かれてきた事柄はすべて、この神話意識という根本原因に由来する。しかしながら、人間の自己熟考のこの系譜のなかにいつ何が現れるとしても、それは、ある決定的な根本的特徴ゆえに、ここで「自己理解」と規定されているものとは異なる。すなわち、その自己熟考のなかで追究され解釈されるのは、つねに人間「**一般**」――その不変の本質ゆえに過去においてつねに同じであり、現在においてもいかなる未来においても同じであるような人間――なのである。時間の流れや運命の激変をくぐり抜けるなかで人間の身の上に生じるかもしれない変化については考えられていないのである。このような考察がいずれも対象としているのは、人間の「本質」の、この上なく厳密な**一般性**である。このような人間の本質規定においては、際限なく進む状況の個別具体化――人間はその状況に対して、行為へと駆り立てられる者として対峙するのだが――は、あたかもあらゆる状況の変化は人間の皮膚の表面を撫でて過ぎ去るのみで、人間の本質の核心に触れることなどないかのように、まったく度外視されているのである。

以上で私たちは、まったく異なった形で現れる二種類の精神的な努力を確認した。最初のものは、人間が置かれた、とどまることなく変化する状況の個別具体性を扱う考察であり、もうひとつは、同一であり続けようとする人間の本性の一般性を扱う考察である。しかしながら、ここで「自己理解」という標題のもとで行われるべき論究は、この相異なる両者を**自らのうちに止揚する**ことをまさに特徴とする。なぜなら、自己理解を形作る考察は、一方ではたしかに現代人が対峙している状況の個別具体性を考慮に入れるのだが、他方では、この状況が生み出す影響に立ち向かい、その状況から生じる要求に応えることを通して現代人が形作ってきた自らの形態の個別具体性についても、同じように真摯に問うからである。この状況が提示する可能性、この状況から生じる誘惑、この状況がはらむ脅迫――これらはいずれもこの考察にとって、思考と行為を通して人間が克服しなければならない単なる対峙物であるだけでなく、まさに人間の精神的な成長に必要な刺激でもあり、その刺激のおかげで、無規定で多義的な素質から明確に輪郭づけられた人間の現実が現れ出てくるのである。このようにして、同一であり続けようとする人間の本性は、まさに今生じるこの本性の個別具体化の背後に退く。そして、「**時代意識**」と呼ばれる、同時代の人間存在についての知識が形作られるのである。

啓蒙主義の自己理解

ここまで導入として述べてきたことのなかで、そのような時代意識のなかで生き、その意識をもとに自らの存在を解釈することが、現代人にとってどれほど自明と考えられているかを示した。現代人にとって、このような自己解明はあまりに自明であるため、自己を意識しないあり方について考えることは困難である。それだけいっそう、このような形をとる自己確証が実際にはどれほど古くからあるのかを聞くならば、人は驚くに違いない。私たちの西洋の文化世界に限るならば、その自己確証が誕生したのは**啓蒙主義**の時代である。同時代における自らのあり方を自己自身についての知へと高めることに西洋人が慣れ親しんできた期間は、二百年にも満たない。啓蒙主義の時代以前には、西洋人は、人間「一般」の本質についての理解を、まさに今生きる順番が回ってきている人間の解釈へと推し進める欲求を感じなかった。現代人にとって避け難く感じられる欲求は、なぜそのように遅れてようやく産声を上げたのか、という問いがここに浮かび上がる。

私はその決定的な理由を示したい。先で述べた欲求を目覚めさせたもの、それは啓蒙主義のなかで姿を現し、啓蒙主義を通じて促進された**人間と生の秩序との二項対立**である。ここでいう「生の秩序」とは、人間が共同生活にまとまりと確実さと持続性を与えようとする際の拠り所とした営為や機構の全体である。その概念には、国家と法の秩序、社会の分業、経済生活の構築などが含まれる。啓蒙主義とともに生じた激変は非常に深刻だった。というのも、その激変の出現とともに乖離した人間と生の秩序は、それ以前にはひとつの統一をなしており、後にその激変に巻き込まれる両者はこの上なく強固な連帯へとまとめられていたからである。生の秩序は、人間を包み込み支えるような全体、人間がそのなかに組み込まれていると感じるような全体、そして生の課題の意味と輪郭を人間に割り振るような全体だった。人間にとって生の秩序は、最終的には神によって創造されたものであり、それゆえありうべき根本的な批判をすべて免れているものと思われた。たしかに、生の秩序の個別の形態に関しては、個別具体的な者である個人が努力して異議を申し立てることができたし、場合によっては相当の頻度で摩擦が生じえた。けれども、この種の対立はすべて、全体をひとまとまりのものとして捉える見方を土台として生じたのであり、その見方はすべての参加者から、等しく拘束力をもつものと、すなわち「自明」なものと認められていた。中世のキリスト教を襲ったなかでももっとも甚だしい対立、すなわち皇帝と教皇の闘争のなかでさえ、対立しあう両者が、真にキリスト教的な生の秩序の本質や由来や規定をめぐるある種の根本確信において一致していたことが、当然のこととして強調された。こうしたことは、人間が自らを理解するにあたって自らを取り巻く生の秩序から自らを引き離し、生の秩序に対して距離を取り、その結果生の秩序が、制御され検査され、必要に応じて変化させられるべき対象の立場へと移された時、変化した。今や人間と生の秩序は、まさにそれぞれが項となり、そのうちの一方の項である人間はもう一方の生の秩序という項を、その法則性と有用性において問う権利のみならず使命もあると信じたのだった。「自明」であったことはその自明性を失ったのである。

けれどもこのような転換が生じるやいなや、ひとつの移行が現れた。その移行が避けられないことはすでに前で説明した。すなわち、観察者は告発者に変わり、告発者は裁判官に変わったのである。しかもこの移行は途方もない激しさをともなって突然に生じた。それが生じたのは、存続してきたことに対して攻撃の合図を送った人物、すなわち**J・J・ルソー**の活動においてだった。ほかならぬ人間の幸福と徳の破壊に責任を負うべきだとルソーが考えたもの、それは頂点にまで達した近代世界の生の秩序だった。ルソーの警告は、他のどこよりも当時のドイツ精神運動において好意的に受け入れられた。その際、告訴の内容は特徴的な仕方で変化した。**古典的な思想家**は近代の生の秩序を次のように断罪している。生の秩序が人間を強いて、人間のなかで統一されていた諸能力のうち、それ以外の能力を犠牲にしてあるひとつの能力を改良させた結果、専門的に発達させられた特殊機能のために人間性の全体的調和が犠牲になった、と。

けれども、存続する生の秩序に対するこのような有罪判決には、深刻な帰結が含まれている。生の秩序がもつあまりに多くの悪災を非難することができるのは、生の秩序をもはや神の創造物としてではなく人間の創作物として見る、という前提のもとにおいてのみである。その人間の創作物に多くの異論を誘発するような形態を与えてきたものは、欠点もあり誤ることもある人間の意志にほかならない。しかしまた、存続しているものがもつ難点を見抜くなかで、存続しているものに替えてよりよいものを置く使命をもっていると感じてしまうのも、同じ人間の意志なのである。こうして、人間が形作った物事の形態が、その形態に責任のある人間の意志の出来事として理解されることで、意志の名において、また意志の力によって生じる事柄は、「**歴史**」と呼ばれる出来事の領域に移し換えられる。神がそれを別様にではなくまさにそのように望んだという理由で生の秩序が「自明」なものと見なされた限りにおいては、生の秩序という形態をとって出現しているものの歴史性が思考されることはない。けれどもこの超自然的な証明が存在しなくなると、あらゆる生の秩序は、かつて存在し始めたのと同様にいつか存在するのをやめることのできるような生成物として姿を現す。――そしてそれはすなわち、生の秩序が歴史的な現象になることを意味する。歴史の変化の流れは、人間の意志がそれを通して自らの存在に持続性と堅固さを与えようとするすべてのものを、自らのなかに呑み込むのである。

先に私たちは、行為する使命をもつ者として人間が対峙する**生の状況**の際限のない個別具体化に言及した時、人間の視点が不断に移行するのを見た。前で述べた歴史化によって生の秩序が被ることになる変化は、その視点の移行と一体のものである。というのも、個別具体的な生の秩序はいずれも、共同体の個別具体的な生の状況に含まれる強制や要求を受け止め、それに応じる試みとして形作られたものにほかならないからである。

しかし、そのように形作られた生の状況や生の秩序が歴史の動きの流れに入り込むことによって、ここに重大な問いが浮かび上がる。人間の生の秩序が被る不断の変化を見るならば、核心において同じままであり続ける人間性という想定を保ち続けることはできるのだろうか？

その生の秩序を形作るなかで徹頭徹尾歴史に拘束されているその人間が、その固有の存在において、変化を免れた存在、歴史を**こえた**存在である、そしてあり続けるといったことが考えられるのだろうか？　生の秩序の変化は人間の中核にある自己に影響しないままでいることができるのだろうか？

この問いに対して、生の秩序の超歴史性という考えに終止符を打った啓蒙主義は、予想とは正反対に思える答えを与えている。啓蒙主義は、人間の本質は不変であるとするテーゼを保持したのみならず、考えうる限り強固な形で表現した。啓蒙主義が教えるところによれば、人間は、その中核に生まれつき**理性**をもつ。この理性は、理性をもつ存在のなかで、人間という種に属する生き物のなかで、すべて同一である。普遍的に分け持たれたほかならぬこの理性によって、人間には、歴史の生み出した生の秩序の偏差を証明することが可能になる。なぜなら、人間はその理性のなかに、歴史の形態の価値と無価値を判断する必要がある時、歴史の形態を測定する唯一妥当する基準をもつからである。

このような教えに従えば、自己理解への欲求の起源である人間と生の秩序の二項対立は、いかなる光のもとに現れるのだろうか？　その両者が乖離したのは、人間という種が、共同的な営為を形作る過程で、愚行や悪行のために道を誤り、自らに備わる理性という判断基準から逸脱したことがその理由であった。人間の歴史は、このような乖離を招いた過ちの歴史である。けれども人間の歴史はそれ以上のものである。自らの種がどこでどのように理性に背いたのかを人間に教えてきた理性という判断基準のなかに、人間はすでにひとつの指示を見て取る。失敗を成功で償おうとするならば、人間はその指示に従わなければならないのだが、人間がこの指示に従うまさにその程度に応じて、過ちの歴史は修正と清算の歴史へと続いていく。そして、人間がこの指示に従うことの正しさは、理性にかなった存在であればその妥当性を確信するほどに、反論の余地なく明らかなのである。すべての人間が共有する理性の光によって、無数の形態への分裂を招いている無分別という霧は跡形もなく晴れ渡る。そしてこの光が広がれば広がるほど、人間と生の秩序を相互に遠く隔てている乖離は消えていく。生の秩序と個々人の内部に理性の要求として働いているものとが調和する時、このような乖離は持ちこたえることができないのだ！　構想や約束として自らの心を満たす事柄の実現を、自らにとって敵対的とは言わないまでも疎遠なものと感じることなど、人間にはできないのだ！　こうして、理性に反するものに対する理性の戦いを内容とする歴史は、その大団円において、戦いなどまるでなかったかのような生のあり方に帰着する。なぜなら、戦わなければならない敵対者はもはや存在しないからである。理性が生の総体を規定するところでは、人間と生の秩序との間に和平が確立されるにとどまらない。それどころか、人間と生の秩序は結合してひとつになるのだ。なぜなら、人間は生の秩序のなかに自らを再発見するからである。それゆえ、戦いの終わりは、同時に歴史の終わりを意味する。理性との間で支配権を争う敵対者がいる限りで、歴史は必要であり、また可能だったのである。今や、その敵対者は退場したので、「超歴史的」とでも呼びうる状態が出現している。これ以外の状態がありえるだろうか！　すべての人間に共有されている天分としての理性が歴史のあらゆる個別具体化を支配下に置く場合には、あらゆる部分において理性の指示に従う生の状態もまた、超歴史性という同じ性格をもたなければならない。このように歴史は、歴史から引き離された生の状態への帰着によって自らを止揚するという性格を備えているのである。

以上で私たちは、啓蒙された思考が歴史的な生の運動形式をいわゆる「**進歩**」のなかに見出せると考える時、その思考が目にすることになる発展の総体の概略を描いた。その思考にとって「進歩」とは、もはやそれ以上克服されえない完全性という生のあり方がまっすぐに目指されるべき目標として設定されるような、歴史的な出来事の進行を意味するのである。

啓蒙主義は、時代の苦悩のもとである人間と生の秩序の乖離から出発し、「進歩」の哲学を展開することによって、注目すべき明白さと完全性を備えた自己理解を同時代の人々に告げ知らせた。啓蒙主義は何よりもまず同時代の**状況**の解釈である。啓蒙主義はその状況を、理性に反する生の秩序を排除し、理性にかなった道を切り開く可能性を提供する状況、いやむしろそれを要請する状況として理解した。しかし啓蒙主義はまた、この状況に対峙する**人間**の解釈でもある。啓蒙主義は人間を、自らが理性に規定されているという意識へと突き進み、この規定に合わせて自らの生を整えていく者として理解した。このような自己理解は同時に、この上ない満足を、いやむしろ幸福を与えてくれるような性格の理解である。この解釈が満足を与えてくれるのは、時代に苦悩を与えるものを、人間のなかにあるその理由へと還元し、見通しがたく克服しがたい運命という仮象から人間を解き放つからである。この解釈が幸福を与えてくれるのは、その解釈が開いた過ちへの認識が、行われるべきことへの認識と重なり、その結果、単に過ちが正されるだけでなく、完全なものによって置き換えられると考えられたからである。人間が置かれた現代という時代の自己理解には、克服されるべき過ちとしての過去の理解のみならず、苦労して実現されるべきものとしての未来の理解も含まれるのである。

共産主義イデオロギーの自己理解

以上で私たちは、「進歩」の哲学の純粋な形式を再確認した。その形式自体はすでに過去のものである。しかし、この哲学が初めて意義深く説いた時代の自己理解の範型は、過去のものではないどころか、かつてないほどの広がりと影響力を今日享受しえている。その範型は、過去と現在と未来を「進歩」の原理に従って——しかも、それらの原因と目的を見通すことを人間の理性的な思考に認めるような、いやむしろ使命として課すような仕方で――互いに関係づけるものである。今日このような範型がどこでその復活を祝っているのか、誰がそれを確信しているのか、私たちの現代世界のなかのどこで「**進歩**」という語が真に宗教的な情熱をもって語られ、聞き取られているのか――この問いの答えは明らかである。進歩という語がその新たな価値の引き上げを感謝しなければならないのは、共産主義国家のイデオロギー、「弁証法的唯物主義」である。この理論が啓蒙主義の人間哲学をいかなる点で超え出ているのかを論究することはここでの課題ではない。両者の違いを探究するならば、歴史の過程が理性の発展として解釈されるだけでなく「弁証法的な」運動として構成され段階づけられることを通して歴史の過程に生じる、活性化と充実化という特徴が浮かび上がるに違いない。しかしより重要なのは、この啓蒙主義から共産主義のイデオロギーへという転換によっても変わらないものである。すなわちそれは第一に、克服されるべき過去から完成をもたらす未来に向かう歩みとして自らを理解する現代の自己解釈である。すなわちそれは第二に、闘争に満ちた歴史から闘争のない至福という超歴史的な最終状態へという、未来に期待されるべき移行の確実性である。そしてそれは第三に、自らの発展の起源や過程や目標について人間に解き明かすのは同じく超歴史的な思考だ、という要求である。最後の指摘に対しては反論がありうるかもしれない。弁証法的唯物論の教えに従えば、状況や状態のみならず、この状況に対決しこの状態に対峙している人間もまた、弁証法的な運動の進行に巻き込まれており、したがって超歴史的な思考という思い上がりは断念されているはずだ、と。もっとも、この異論は次のことを見落としている。すなわち、弁証法的運動の局面や段階の内容や様相を明るみに出すことを買って出る思考、またそれによって過去と現在と未来をその広がりの全体において視野に収めたと確信する思考は、それ自身もまたこの運動の流れに含まれているのであり、それゆえその段階のひとつに根を下ろしている場合には、このような概観を行えないということである。そのような思考は、歴史の全過程について報告する能力が自らにあると信じることによってすでに、歴史をこえて君臨する観察者、言い換えれば歴史の変化から自らを解き放った観察者の立場を自らに与えてもいるのである。その思考が自らのこのような権限を否認するならば、それは自らの立場を全否定することになるだろう。

ここで論じている共産主義の教義は、まさにその決定的な性格において啓蒙主義的な世界解釈の範型に忠実なので、その教義が同時代の人々に提供しなければならないものもまた、同じように余すところのない、満足と幸福を与えるような性格の自己理解である。この教義は今日、単に世界の改良を目指す理論家の頭のなかに生きているにとどまらず、多くの人々の信条になっており、その信条のしるしのもとに政治権力がもっとも暴力的に集約されているのだが、この事実はとりわけ、人間がその教義のなかに政治的な綱領と並んで自らの存在の解釈を見出している現状からも説明される。その解釈は、覚醒させるような目標設定によって人間の意志を鼓舞し活性化させるとともに、啓発的な説明によって人間の認識衝動を満足させている。近代の人間が、自らの種の本質や由来や使命を考える時にしばしば襲われる不確実性のゆえに、どれほど苦悩しているかを考えるならば、救済を求める感情も理解される。皆が認める高度な頭脳の持ち主でさえ、その感情のために救済の教えに慰め——あらゆる問いに答えを、あらゆる迷いに道しるべを、そしてあらゆる過ちに修正を準備してくれるような慰め——を探し求め、そして見出すのである。

マルクス＝レーニン主義に全幅の信頼を寄せる世界の事例から次のことが明らかになる。すなわち今日、時代の「自己理解」として私たちの思索の対象をなすものは、もはや単に世界の出来事の外部に立つ観察者の営為などではなく、人間が政治的、社会的世界の機構のなかで一定の意志をもち行為するために手に入れなければならない論証の、不可欠の構成要素なのだということである。人間を支え正しく方向づける生の秩序による保護から解放されて以来、人間は、人々に自らを売り込む政治的、社会的な生の方向性のうち、こちらには賛成しあちらには反対しなければならないのは**なぜ**か、その理由を求めている。そして人間にとってこの理由の解明は、人間の世界理解と自己理解への要求をより根本的に満足させるものであればあるほど説得力を増す。それゆえ、マルクス＝レーニン主義的な世界解釈は大きな共鳴を享受しているのである。

西側世界の不確実性

共産主義の思想界を事例として、生にとって時代の自己理解がもつ意味を明らかにした後で、眼差しを再び**私たちの**、西側の、「自由な」世界に向けるならば、ある深い驚きを禁じ得ない。私たちは、固有の自己理解として、かくも並外れた影響力をもつ東側の教義の世界解釈に何を対置すべきなのか？　そのように問う時、私たちの眼差しはまず必然的に、考察の出発点として取り上げた深い文化悲観主義の現れに向く。その現れが過激であればあるほど――事実、ニヒリズムの噴出や激しい非難が見られないわけではないのだが――、その現れは、かくのごとく勝利を確信してなされる東側の告知に対する戦いにおいて私たちが必ず備えていなければならない防御力をますます弱体化させることにつながるのである。けれどもそのように極端に過激な結果に至っていないところでも、現状に含まれる善さや保存価値や展開可能性への信頼が決定的に欠けている。マルクス＝レーニン主義の教義をカノンとするシステムでは、その教義を擁護する者はこの信頼によって貫かれているのである。私たちがこのシステムの攻撃から守らなければならないものはそもそも何なのか。あるいはむしろ、このシステムに身を委ねるものに比べて私たちのほうが勝っているものとは何なのか。このような問いが立てられる場合、悲しいことに私たちはあまりにもしばしば、困惑した沈黙、不満足な付け焼き刃の回答、説得力を欠いた弁明に出会う。次のように言ったとしても決して誇張の罪には問われない。私たちが「自己理解」という標題のもとで提供すべきものは、せいぜいあやふやな輪郭のまま、数多くの疑念に取り巻かれ、数多くの論争に巻き込まれた姿で私たちの精神の目前にある、と。**教育**という作用領域ほどこの不確実さが明瞭に見て取れるところはほかにない。成長世代の世話を職業として担っている者の口から、次のような諦めの叫びがどれほど頻繁に発せられることか。「そもそも私たちは、共産主義の理念に対抗して、心に火を点け、統一を打ち立て、力を与えるような、どのような言葉を提供すべきなのだろうか？　私たちの西側世界ではすべてが無関係なまま流れ、個々ばらばらの見解や意思表示や立場や世界観に行き着くのではないか？

何を目指して教育を行おうとしているのか、また行うべきなのかを、そもそも私たちは知っているのだろうか？」

生の合理化

自己信頼の欠如から必然的に生じる不満足で不快な状態を抜け出し、また東側の自己確信をしのぐとは言わないまでも、せめて肩を並べるほどの自己理解と世界理解を手にすることがないならば、西側が十分に自己主張することはできない。――前節までに述べてきたことに従えば、このことは疑いえないかもしれない。しかしそのような自己理解と世界理解を得ることができるのは、近代の懺悔説教師による不吉な予言に無効を宣言し、その予言をもっともらしく思わせるような出来事に即して、東側に対する西側の優越と呼ばれる事柄の内実を解明することに成功する場合のみである。

自らを正しい光のもとで見るためには、私たちはもう一度、「人間と生の秩序の二項対立」と名づけられたあの出来事に立ち返らなければならない。これまでに述べてきたことから、あたかもこの乖離は、**一方の**側において働く離反の傾向の結果である、という印象が生じたかもしれない。あたかも人間だけが自らを取り巻く生の秩序から抜け出し、生の秩序から身を引き、その結果人間にとって生の秩序は対象となったかのように見える。啓蒙された時代の人間は実際、問題となっている出来事を、人間の側で生じたそのような解放の出来事として理解すべきだと考えた。そして人間は、その解放の出来事を断固として成し遂げる義務を負っていると考えた。なぜなら、人間こそが、理性によってもたらされたがゆえにより完全な人間と生の秩序の一致の成立にとって欠かすことのできない条件なのだ、と人間は確信していたからである。もっとも、実際に生じたのは、人間が期待したものとは正反対のことだった。人間は、理性に合致した形式を生の秩序に与えることになったのだが、それによってあるひとつの過程を始動させたのである。それは、その進行のなかで、**人間が生の秩序から離れていくのと同じ程度に、生の秩序が人間から離れていく**ような過程である。人間が自らの解放を通して引き起こしたもの、それは期待されたような人間と生の秩序の統一ではなく、新たな、しかも**双方の**側から引き起こされた乖離だったのである。

しかし注目すべきことは、このような双方の側から押し広げられた隔たりは、まさにあの「理性的な」思考の自立――その自立を通して人間と生の秩序の乖離を解消できると、その自立の張本人は考えたのだが――に起因するということである。人間と生の秩序との間に正しい関係を打ち立てるという課題を「理性《ラツィオ》」が引き受ける時、この努力において生じるものは、あらゆる活動とその複合体の「合理化《ラツィオナリズィールンク》」であり、それを通して、ともに生きる人間はその存在を保持し、より高めようと努力してきた。この場合、合理化とは、問題となっているすべてのものが「**事物**」を尺度として整えられることを意味する。関連する活動は、この事物に貢献すべく定められている。事物によって必要とされたり事物に役立ったりすることを証明できないものは、すべて排除される。このような排除によって打撃を与えられるのは、何よりもまず人間自身であり、また人間存在の次のような側面、すなわち人間をまさにこの一人の、かけがえのない、個別具体的な人間として、言い換えれば人間をまさにこのかけがえのない「**人格**」として特徴づける側面である。人間は、「事物」の完成に役立つ事柄だけを考えに入れるのだが、そのような事柄とはまさに、人間が「事物」のみに精通する限りにおいて、人格としての人間に代わる何者かが同じくらい上手に果たしうる事柄なのである。人間は代理や代替が可能なのだという考えのなかに、人間の脱人格化がもっともはっきりと示されている。その脱人格化は、人間がそもそも「代弁者 Sach-Walter〔事物の＝支配者〕」(＝執行監督者)となったがゆえに避けがたく被らねばならないものなのである。人間をすべての自然から際立たせる天分のなかで明らかにもっとも高貴なものである理性は、その仮借なさゆえに、人間にとっていわば厳格な主人であり、その仮借なさによって理性は、その権限が及ぶ限りにおいて、人間にその人格としての存在を一時停止するよう命じるのである。

私たちは、啓蒙主義によって引き起こされた転換とともに、人間と生の秩序が二つの項として同時に対立的に出現したことを確認してきた。そこで示されたのは、この二項の乖離によって、ある新しい完全な統一への道が期待どおりに開かれたのではなく、逆に両者の関係を新しく形作ることが可能になり、また必要となったということである。ここで少なくとも次のように問うことができる。その新しい形態化のために、右で述べた乖離はさらに押し広げられていくのではないか、と。というのも、人間と事物の対置は、外的なものや異質なものが人間の存在の圏に押し入ることによっては影響を受けず、むしろ人間自身の内部に生じる分裂を前提とするがゆえに、比類ないほどの根本的な性格を備えているからである。人間の自立性や自己規定性――そこにおいて人間は事物に出会うのだが――は、まさしく、外的な要素として存在するものでも純粋に受動的に受け入れられるべきものでもなく、理性が自らの能力を発揮しようと努力するまさにその程度に応じて、そしてその程度に応じてのみ、表れる。理性のために場所を確保する者として、自らに事物を用意するのはほかならぬ人間自身なのだが、その事物の前では、人間は人格であることを諦めなければならないのである。ここで述べてきたことは、その動物を比較の事例として説明できる。というのも、動物には理性が欠けているがゆえに、そのような乖離を引き起こすことがまったくできないからである。

すなわち、理性の命令に従って形作られた生の秩序が、その命令を実行する人間に対して、人格としての人間存在への抑圧として働くような反作用を及ぼすことは避けられないのである。人間はどこで、どのような形式において、この抑圧をもっとも敏感に痛感するのか。私たちはすでにそれを知っている。その抑圧は、すでに私たちの古典的な思想家が嘆いていた強制という形で生じる。その強制は、生の秩序から生じる要求を受け入れるなかで、人間に与えられている能力のなかの**ひとつ**を、それ以外の能力を犠牲にしつつ過度に発達させ、それによって自己自身を、人間の本来の姿の断片へと歪めるもので、明らかに、合理化とともに現れてきた事物の支配から直接に生じたものである。合理化が進むなかでますます明らかに事物が構築されていくのだが、この事物はその固有の構成に応じて自らを部分へと分割する。これに対応して、事物の完成に必要な作業は、多数の人間に割り振られる。その作業のために、個々の人間は、自らに割り当てられた、作り出されるべき全体のなかの一部にすぎないことを引き受けなければならない。この可能性をこれ以上ないほど十分に利用することは、まさに理性によって指示されているように見える。なぜなら、作業を通して支配されるべき領域を狭くすることで、作業の完全性が高まるからである。こうして、合理化は人間を専門家として一面化する起源となり、その一面化のなかで人間の本質の「全体性」はますます失われる危険にさらされるのである。

自然科学と技術における合理化

合理化によって解決されるべき課題が**人間の**営為の領域のなかにある場合には、言い換えれば、秩序づけられるべき事柄が秩序づける者の比較的近くにある場合には、「合理化」から生じる結果を特徴づけるためにここで語られたことはすべて当てはまる。それはとりわけ、私たちが**国家**や**社会**という組織として知っているような共同生活の秩序に当てはまる。合理化は、これらの領域を取り囲む境界の範囲内で続く限りで「事物」と関わるのであり、その事物は人間存在の運動のなかにあまりにも深く絡み合っているために、その活動に内在している「脱人間化」の傾向は、自らを主張する人間性からの抵抗に繰り返し出会うことになる。合理化はここでは決して完全に目標に到達することはない。他方、私たちが次のような人間の活動の領域に踏み入る場合に、すなわちそこでは人間の諸関係が、理性という手段を用いて巧みに処理しなければならない対象となるのではなく、人間の外部にある現実が、理性が固有の仕方でそれに対処するような課題を設定する、そのような領域に踏み入る場合に目にする光景は、まったく異なっている。それは、人間が自らの顔をいわゆる「**自然**」に向ける時に、人間がそこに置かれていることに気づくような領域である。ここで、そしてここで初めて、合理化の努力が人間の営為に関わる際に出会うはずの抵抗が、余すところなくすべて消え去る。ここで、そしてここで初めて、「事物」の概念によって本来意味されているものが、あらゆる不純物を取り除かれた純粋な仕方で現れる。その帰結は、自然という領域ほど、より正確には無機的自然という領域ほど、理性がその作用にとって都合のいい条件を見出す場所はほかにない、ということである。この好都合を理性が享受するのは、とりわけ**理論的な**意図とともに自然に接近する場合である。この自然は何よりもまず、比類のない正確さで測定できる事柄の領域である。しかし他方で、理性がこの同じ自然を**実践的に**支配しようと試みる場合にも、むしろその場合に初めて、まさに理性は自然を経験する。測定できる事柄は同時に予見できる事柄でもあり、目的活動としての行為において作用を及ぼすことができる事柄でもある。技術ならびに技術に立脚した工業生産は時代の力であり、それを通して理性の処理能力は圧倒的な勢いとともに示される。要約すれば、理性がそれを支配することで至上の勝利を祝うのは、余すところなく解明された「自然」という事物なのである。

理性と対峙する「自然」が理性に示す好都合は、思考であれ行為であれ、人間が自然と出会う個々の活動のなかに示されるだけではない。その好都合は、これらの活動の総体が相互に結合してできる、まとまりをもった出来事の総体という包括的な連関のなかにも、いやむしろまさにそこにおいて初めて示される。その総体とは、ますます複雑な構成をとって現れる事物にほかならず、これらの活動の多様性はその事物に準拠するものであるがゆえに、事物は取るに足らない個々の行為の総和へと分解せず、相互に関係しあう各部分の貢献のコスモスへとまとまっていく。このような出来事のまとまりについて私たちは、自然についての知識と、この知識の技術的展開と、技術を通して案出された事柄の活用を、三百年以上にも及ぶ精神の格闘のなかで周知の高度な水準にまで発展させた過程を回顧して想起する時、説得力のある印象を受け取る。この過程を見る時に驚かされるのは、それが脇道にそれることなく**不断に続いていることで**ある。この過程において、出来事の総体は不断に発見から発見へ、発明から発明へ、生産形式から生産形式へと進んでいく。出来事の総体は、首尾一貫した仕方で、あるものを他のものに結びつける。その首尾一貫性とともに、推論する思考は前提から結論へと進む。内在的な論理が、思考と計画と行為という全体――それらの協働のなかでこの過程が進むのだが――のなかに、かつて一度も、どこにも現れなかった統一を打ち立てる。この統一は厳格さにもとづいており、この過程に理論的あるいは実践的に参加する者は誰であれ、自らの思考や行為によって期待する効果をもたらそうとするならば、この厳格さをもってそのつどの「事物」の状態に準拠することを強いられる。理論的な努力であれ実践的な努力であれ、事物に従順でないならば、まったくの失敗というしっぺ返しを食らうのである。

ここで論じている発展の総体は、事物という導きの糸にそって進むよう強いられているために、まさにその総体のなかに、「**進歩**」の概念において考えられる活動形式が実現する。事物によってあらかじめ示された道程のそのつどの点は、その道程を歩んでいく努力の目標点であり、その道程を超えて次の目標へと続く努力の出発点である。どの後進世代も、知識や能力の面で、その世代に先行する世代よりも豊かである。事物の命令に従順であることは、完成へと徐々に接近するための保証である。事物の命令に離反することは、進歩に対する背信である。

共産主義のシステムにおける「進歩」

進歩の原理に従い、そのような確実さをもって組織された運動、そしてその運動に参加する個々人に進歩の担い手という尊厳を与える運動は、それ自体、明らかに人々を惹きつける何かをもっており、その運動を前にすると私たちは、その運動を駆動させている精神的な転換を幸福な振る舞いとして賞賛しがちである。しかしながら、私たちが知っているように、啓蒙主義の出現によって引き起こされたこの転換は、何よりもそれが、その意図に反して、人間と生の秩序の二項対立を排除するのではなく更新したことによって、私たちの反論を招いたものにほかならない。そして私たちは、その運動に「進歩」という性格を与えるものと、先に述べた二項対立の維持、ないしはむしろ促進とを切り離せないことを確認しなければならない。事物は反論の余地のない論理とともに自らを貫徹するというただその理由ゆえに、そしてまた事物は事物に関わる人間の一人ひとりに、あまりに仮借なく、またその人格としての存在を考慮することなく、「自らに忠誠を誓わせる」というただその理由ゆえに、その運動は進歩の範型を純粋な形で実現することができる。事物の命令に対する不服従はどのようなものであれ、たとえこの上なくわずかなものであっても、進歩に対する妨害に等しい。そうすると私たちは、次のような決定的な問いの前に立つことになる。どのように答えるのが正しいのだろうか――人間と生の秩序の乖離に対して私たちがつきつけた「否」だろうか、それともそれほどまでに感銘を与える進歩を見つめることで私たちが思わず強いられてしまう「諾」だろうか？　このような仕方で表された二者択一に対する決断ほど、それに答えることが私たちの時代の自己理解にとって根本的な意味をもつような問いはほとんどない。

この点に関して、ここでもまた共産主義のイデオロギーに内在している自己理解がこの問いに答える際に取る立場を見ることほど、示唆に富むことはないだろう。この問いは西側世界に劣らないほどの切迫性をもって東側世界で立てられているのだが、それは単に、事物に結びついた労働の理論的、実践的システムの要求によって生の秩序が規定されている限り、西側世界に比べて東側世界では生の秩序が他の規則に従って構築ないしは解体されることがないからである。鉄のカーテンのこちら側と向こう側で頭と手を動かしているのはいずれも同じ自然科学、同じ技術、そして同じ生産である。たとえ経済活動を規定している政治的、世界観的確信がこちら側と向こう側でどれほど互いに対立していようと、事物に方向づけられた労働は、この対立の影響をまったく受けない。もし事物が、事物に規定された秩序に対して上述の政治的、世界観的確信がわずかでも影響を及ぼすことを認めるとすれば、事物は、その名前で呼ばれるにはふさわしくないものになるだろう。それゆえ、東側に属している諸活動の領域において、それ以外のところでは互いにほとんど調和しない事柄を統一しているのは、意図的に引き起こされたわけではないものの、しかしそれゆえに重要な意味をもつ、生の秩序と事物に規定された労働との一致なのである。

今や、前で立てた二者択一の問いに対して共産主義の救済の教えを信奉する者の与える答えがどのような結果を招くかは、確実に予見できる。「進歩」の概念に支配的な立場を与える――このことは共産主義の信条にとっては自明なのだが――思考と生のシステムは、うわべだけを見る者の目には「進歩的」なものと映るまさにその運動の全体のなかに、そのシステムの中心原理の偉大な表れと反論の余地のない証拠を見るのであり、相応の喜びとともにその運動の全体に同意することができるのである。このことが意味しているのは、自然科学と技術と産業の協働によって推し進められている進歩は、生の全体の構築――マルクス＝レーニン主義の福音の指示に従って秩序づけられているがゆえに、そしてその限りにおいて、すべての**部分**において、進歩の理念に力を貸して考えうる限り完全な実現を達成させるような生の全体の構築――に、いかなる緊張も矛盾もなく組み込まれるということである。こうして、支配的なシステムのなかから、技術によってもたらされた近代的な生の形態の転換に対する過剰な賛美が、自明なものとして生じる。そして、東側諸国の若者が技術という救世主に身を捧げる際の熱烈な、ほとんど宗教的ともいえる熱狂は、この福音が発する宣伝力を証明しているのである。

けれども、このような思考システムにおいては、事物に規定された生の秩序と人格としての存在との間の緊張関係から何が生じるのだろうか？　この思考システムの起源は、ほかならぬ啓蒙主義の思想圏にある。啓蒙主義は次のような主張によって規定されている。すなわち、人間は「進歩」の運動に加わろうとする決断によって、また人間がこの決断に忠実であり続けるその程度に応じて、すでにまた自らの人間としての存在を自らにふさわしく実現していくのだ、という主張である。人間のそのような振る舞いによって、人間と生の秩序の対立は理性の発展とともに止揚されるに違いないという啓蒙思想の確信は更新される。システムの前提に従えば、明らかに別の答えはありえないとされる。右で述べた対立が認められるとすれば、それはまさに、「進歩」の原理は技術文明の領域においては確実に完全に実現されるが、この領域の向こう側では別の由来と性格をもつ欲求と権力によって抹消され否定される、ということを容認することと等しいだろう。人間と生の秩序の対立は、あってはならないのである。なぜなら、もしそのような対立が存在するならば、生の秩序によって王位に就いた「進歩」の原理は、人間のなかで、別の方向に向かう対抗力、いやむしろまさに自らに敵対する対抗力に出会うだろうからである。しかしそれは許されないことである。そして、私たちがこの教養の枠内で保証を得たとしても驚くにはあたらない。技術の進歩を喜んで肯定し活動のなかで発展させることは、ほかならぬ「**人間性**」の承認と配慮とともに生じるのだ！　人間の人間としての精神的な欲求や要求、技術的な労働システムの要求、そして国家的、社会的な生の体制が下す命令――これらはすべて、マルクス＝レーニン主義的な社会と歴史の解釈の覆すことのできない真理が全体の生の形態化の判断基準として選ばれてきたところではどこでも、相互に完全な一致をみせている。人間としての人間と、人間を取り巻く生の秩序との摩擦は、前で挙げた真理の代わりに特権的な階層の先入見と欲望が生の秩序の構築を規定するところでのみ存在する。人間と生の秩序との乖離は、事物の本質にその理由があるのではなく、単に、共同の物事が真理に逆らって形作られていることの表現であり帰結なのである。私たちは、この思考システムの信奉者によって私たちの時代の自己理解が広められているのを見る。その自己理解においては、啓蒙主義の思考によって授けられた啓発と解明された幸福が、その最終的な完成に達しているのである。

もっとも、啓蒙主義の思考によってカノン化された理論を用いて存在のあらゆる不調和から人類を救済することを申し出る同じ政治システムが、啓蒙主義の思考によって訓練された実践を通して、ある反論の余地のない証明を示すことに寄与する。すなわち、政治権力をもつ者が自らを誇示することで、啓蒙主義の思考によって否定された対立を明るみに出し解消することが妨げられる場合にこそ、その対立がいかに強固なものと感じ取られるかが証明されるのである。直線的に上昇する進歩の原理に生のあらゆる領域の支配権を返還し、分裂のない一致を求める人間のあらゆる努力をその政治システムのしるしのもとにまとめることは、当然ながら紙の上では労力を要しない。その場合には、導きの糸を与える事物の命令に行為が従うところではどこであれ、物事の進行を規定する運動形式は、その起源となる領域にとどまらず人間の生の**すべての**次元に転用されるかのように見えることもありうる。まったくの公的な領域すなわち政治的、社会的な出来事の空間も、親密圏すなわち個人的な発達の空間も、即座に「進歩」という主導理念のもとに置かれる。それゆえ、あたかも愚行や悪行によって規則正しい流れが妨げられない限り、事物に導かれた行為の領域では物事が必ず首尾一貫して展開していくのと同じように、その政治システムは首尾一貫して前進するに違いないと考えられている。けれども実際には、そのつどの命令を失敗せず成し遂げるために行為者がただ従わなければならないような有効な導きの糸は、国家的、社会的な生の次元にも個人的な発達の次元にも存在しない。反対に、事物に規定された「進歩」が下す指示は一義的であるため、政治システムにおける導きの糸の不十分さがあまりにも際立つことになり、そのため公的ならびに私的な存在の不確実性や多義性や危険性が、とりわけ痛みをともなって人間に意識されるのである。そうすると、政治システムが、自ら打ち立てた秩序を通して、生のすべての広がりにおいて「進歩」を実現することに固執する場合には、どのような結果が待ち受けるだろうか？　自らを保証する「事物」が与えるかもしれない指示に代わって、今権力の座にある者の意志が指示を下すこと以外にはありえない。そしてこの意志は、それ自体で理解可能な事物が行うような仕方で自動的に自らを貫徹させるものではなく、それどころか支配者の意志に対しては、別の考えをもつ者の反対意志が実にさまざまな形をとって現れるがゆえに、支配者によって「進歩」だと宣言されたことが実現されるためには、考えを変えさせるために利用可能なあらゆる手段――プロパガンダによる精神操作から、もっとも厳しい強制、すなわち残虐なテロリズムまで――を用いて、反対意見が一掃されなければならない。あるいは少なくとも、反対意見を表明しようとする意志が取り除かれなければならない。わずかそれだけのことで少なくとも、あたかもこのシステムに包摂されるすべてのものが、あらゆる側面から「進歩的」と承認される政治的、社会的発展の道程を迷うことなく前進する、という固い決意で統一されているかのような**仮象**を呼び起こすことができる。そしてこの強制は、自らの前では、また一般の人々の前では、事もなく善人の顔を見せる。共産主義のイデオロギーの前提に従えば、進歩の運動を妨害するものは愚行や悪行以外にはありえないのであり、そのような反対者にかかずらう理由はないのだ！

　以上のように、普遍的な進歩の理論と普遍的な人間隷属の実践との間には深い不可欠の連関がある。事物によって統制された進歩と呼ばれる領域において、あるいはまた**もっぱら**、進行を自ら規制することで権力者の恣意の介入を排除する審級のないところで、いかなる圧力とも無関係に自ずから首尾よく運ぶシステム――こうしたシステムは暴力的な画一化と規制によってのみ、もたらされうるのである。

しかし、この操作された進歩のシステムに固有の典型的な特徴は、次の点にある。すなわち、合理化によって生の秩序を堅固なものにすることは、それに身を委ねる人間に結果的にさまざまな不都合をもたらすが、そのような不都合はいずれも、システムに従属させられているすべての者に、システムに合致した思考と行為を無理強いする暴力性のゆえに、もっとも深刻なものになるという点である。なぜならこのシステムでは、生の秩序の合理化はもはや、事物によって指示された全体の働きが実現されていく姿を示すものではなく、抵抗する者に対して社会的、政治的な諸関係の恣意に由来する構成が強いられる際の道具にすぎないからである。このシステムにおいて実際に生じていることは、熱狂的に宣言されたプログラムにおいて告知されているることとは正反対である。人間と生の秩序を完全な一致にもたらすべきだと主張されてはいるが、実際には生の秩序は、人間から人格を奪い、無慈悲にも支配的システムの執行監督者にする強制装置へと変化している。それは比類のない世界史的実験であり、その実験を通して、生の秩序を理性の手中に収めようと決意した時にいかなる可能性が提供されていたのかが、人間に解き明かされるのである。

西洋の思考における人間と「事物」

表向きの「進歩」の名のもとにあらゆる人間の作為と無作為を権力者の指示のもとに置くシステムの暴力性に比べれば、労働秩序へと展開された「事物」が人間に対して行う抑圧は、無害であり容易に耐えられるように見えるかもしれない。というのも、たとえ事物からの要求がしばしば人間を著しい困難に陥れるとしても、人間はどれほど不快な状況のなかであれ、次のことをまったく正しく理解しているからである。それは、人間が従わねばならない強制は事物のなかに根拠をもち、それゆえ自ら妥当であることを示すものであるが、しかしそれは権力をもつ者の恣意に由来するのではないということである。東側世界では見たところ、生の秩序のなかで事物に根拠をもつ部分、すなわち技術的、工業的労働の秩序は、事物から身を守るために人間が講ずるいかなる抵抗にも遭わないどころか、むしろ東側世界で実際に証明できる「進歩」によって点火される熱狂とともに肯定されているのだが、このことは驚くに値しない。これに対して、私たち西側世界の人々が事物の要求と人間の要求との緊張をはるかに強く感じ、はるかに切々と嘆いているとすれば、前で述べたことを踏まえるならば、この違いの理由を理解するのは難しいことではない。私たちは、すべての人々に共有された生の体制の枠組み、すなわち人間が判断し運営する国家と社会という秩序の枠組みのなかを生きているが、この枠組みは共産主義のシステムの理論と実践では最初から放棄されている。当然の帰結として、私たちは、この共産主義のシステムにおける抑圧を免れているがゆえに、表向き「不自由」に見えるものに対してますます敏感になる。もっともこの「不自由」は、事物の必然性を認めることと切り離せないがゆえに、いかなる方策によっても私たちの生から遠ざけることができない。私たちは、共産主義の強制システムに管理された者の目には自由の避難所のように映るかもしれない西側の労働秩序に対して、「機械化」という非難を浴びせている。私たちは、私たちの身の上にもたらされた運命のなかにでもなく、私たちを意のままに操る独裁者の恣意のなかにでもなく、事物に自らを開く精神の啓発のなかにのみその起源をもつ要求に異を唱えている。私たちは、あらゆる点において、私たちに自らを開示する「自然」と私たちとの自由な出会いの結果である機能システムに反旗を翻しているのである。

ここで行っているように、共産主義の人間にとって自明である技術的、工業的労働過程の是認と、西側の人間がその過程に抱く疑念と不信の態度を比較するならば、その態度はあたかも自由な空気のなかで甘やかされた者が過敏に発言しているにすぎないかのような印象を受けるかもしれない。しかし、私たちが詳述したことはそのように理解されてはならない！　言うまでもなく、共産主義の人間をその「進歩性」によってそれほどまでに夢中にさせる運動から、いかなる疑念も距離を保っておかなければならないのである。技術的、工業的な進歩を是認することで共産主義のイデオロギーは正当性を得るのだが、それが成功するのは、共産主義のイデオロギーが、西側の歩みの成果に対する無効宣言とまでは言わないまでも、その道程を歩み続けることを論外だと宣言する限りにおいてのみである。しかし共産主義のイデオロギーは、西側の道程における進歩はすでに「人間性」を奨励することと同じなのだ、と主張することで正当性を得ることはない。人間性を称揚する古典的な思想家たちはすでに労働分業にもとづく社会秩序に疑念を抱いていたが、その異議申し立ての後にその社会秩序が歩んできた発展は、その疑念を揺るがすことも、ましてや論駁することもなかった。今日を生きる私たちは、「機械化」という標語のもとに集約される不安を無視することは許されない。近代の労働秩序の要求のために人間がどれほどしばしば窮地に陥るか――この認識に目を閉ざすことができるのは、「進歩」という偶像に完全に目がくらんだ者だけである。そして「事物」は、人間の人格としての要求をますます問題としなくなるような支配者へと自らを高めるのである。

このように、近代の労働秩序を非難する者が発する無条件の「否」が傾聴に値しないのと同様に、この秩序を崇拝する者が発する無条件の「諾」も正当とは認められない。私たちの時代の精神が正しい自己理解と出会えるのは、いかなる異議申し立てにも屈しない近代世界の労働構造に対する積極的な順応と、その労働構造の否認しがたい巨大さに対する偏見のない承認とを、明晰な注意深さをもって統合できる場合のみである。その注意深さは、事物の命令によって余すところなく支配されることで私たちが私たち自身であることをやめ、人格の共同体から抜け出て執行監督者の集団へと変化するのを防ぐために必要なのである。一方で人間は、自らに与えられた力によって営為のシステムを構築する能力をもつ、いやむしろそれを使命と考えているのだが、他方でそのシステムは、あらゆる部分において人間のもつ計画する明敏さと秩序づけるエネルギーの創造物であるにもかかわらず、そのシステムの反作用は、精神の奪取という脅威で人間の人間としての存在を脅かす。私たちは人間に固有のこのような二律背反を見抜く力を身につけなければならない。労働世界の合理化は、人間と事物との完全な一致の確立から遠く離れ、全体的な自己疎外というますます増大する危険に人間をさらす機能連関の構造を生み出したのである。

明らかに、この二律背反を隠蔽したり粉飾したりすることなく照らし出す自己理解によって、十分な情報や納得のいく説明や滑らかな解決を求める人間の自然な欲求が満足させられることはほとんどない。人間は、自らの固有の生の状態について、すべてを説明し、悩みの種となる矛盾を何も示さず、不均衡をならしてくれる解説のほうを、何倍も好んで聞くのだ！　そのような利点こそ、満足のいく自己理解を求める現代人に共産主義のイデオロギーが自らを売り込んだ時に掲げたものなのである。そこには理解の欠如も、未解決の対立も、目指すべき目標の不確実性もない。ある教義を宣伝する際に、心を不安にさせるあらゆる疑いを完全に取り除くこと以上に好都合なことはない。それほど多くの利点に逆らってまでも「自由な」人間にふさわしい自己理解を示さなければならない理由は、わずかひとつだけであるように見える。しかしこのひとつの理由は、多くの利点に匹敵するのだ。その理由とは、その自己理解の**誠実さ**である。そこでは何も隠されず、何も言い繕われない。すべては明らかにされ、正しい名前で呼ばれる。人間が自らの状況を幻想的な願望のイメージで覆い隠すことによって自ら陥る不自由よりも劣悪な不自由は存在しない。それゆえ、次のように言うことが許されるだろう。この自己理解を支配する誠実さなしには、西側世界がそのなかに自らの聖域を見て取るような**自由**は存在しないだろう、と。

西側の思考における人間と生の秩序

「事物」の命令への従属を理由に、西側と東側の世界を無理やり同じ思考と行為の軌道に乗せ、これら二つの世界と事物との結びつきの力によって「進歩」の原理をもっとも完全な形で実現するような活動的な生の領域、すなわち労働という領域に考察を限定したとしても、すでにそこに、存在解釈の試みをめぐる西側と東側の対立が表れる。このことはきわめて注目に値する。私たちの考察がこの労働という領域から外に出て、均整化を図ろうと努める事物の導きを欠いた領域に入る場合には、その対立はさらに幾重にも鋭く表れるに違いない！ その領域において初めて、すなわち自らを国家や社会といった秩序へと形成する共同体の次元において初めて、東側と西側の世界を分かつジレンマが表れるのである。「進歩」の名のもとに自らを方向づける同志の無条件の統一と一致と、しかしまた鉄の強制――それなしには、あのような行動の画一化は、ましてや思考の統一化は決してありえないような強制――を選ぶのか、それとも暴力的な思想馴致や良心の隷属化のあらゆる手練手管の断念と、しかしまた「自由」の国家をともかくも特徴づけるような、意見や確信や努力の多様性に向かう解体を選ぶのか。この両方を同時に所有しようとすること、確信の統一と意思形成の自由をひとつのものとして考えること――このような考えは、東側の閉鎖性を崇拝する多数の物言わぬ人々のなかに紛れ込んでいるのだが――は、まったく無意味である。どちらにより高い価値を置くのか、人は考えなければならない。「理念」の統一のほうか、それとも信条の多様性のほうか。前者は実際には、暴力的に確立された統一の仮象にすぎず、後者は偽りの建前ではなく真の、自らを表明する現実である。

明らかに、後者の選択肢に賛成することは、必然的に、事物と結びついた労働世界に対する西側の人々の解釈をすでに確信へと変えている現実をさらに痛切に経験することを意味する。すなわち、画一化し規制する強制システムのために人間の生に内在する二律背反を匿名性の暗闇へと押しやる場合に比べて、その二律背反を明るみに出し、隠し立てなしに表出する場合には、世界はますます対立に富み、理論的には理解がますます困難になり、実践的には支配がますます困難になるのである。分裂によって脅かされた世界に生徒の軸足を置かせ、この世界がある日要求する選択と決定ができるよう生徒を成熟させるという課題を前に、西側世界の実に多くの教育者が臆しているが、そのことは決して理解できないわけではない。実際、成長しつつある者に、唯一妥当する教義を皆が完全に一致するまで教え込み、教義の指示を実行するよう訓練することは、固有の選択に向けた意志と能力を生徒のなかに育むことに比べれば、はるかに容易である。けれども、その教義の比類なき妥当性を主張するために投入されなければならない手続きの本性を見極めるならば、東側の教育界を特徴づける目標の確実さに目を向ける時にまずわき上がる羨ましさや、そのような確実さをもたない者がすぐに感じる劣等感は、十分に静められるのではないか？　自らの洞察にもとづき自らの責任で関わることができるためには、あるいは逆に言えば、私たちに下される命令に従って思考し、意志し、行為するよう強いられないためには、自由な世界のなかに自らの立場を探す者は、つねに疑いや苦しみから逃れられないという代償を払わなければならない。私たちはこのことを学ばなければならず、そのための機は十分に満ちている。

東側と西側の国家理解

強制的に画一化された「集団」の見かけ上の一致に、「自由な」世界でますます高まる確信のポリフォニーを対置する時、私たちの時代の正しい自己理解は「**国家**」と呼ばれる人間の生の秩序の一形態にいかなる立場を割り当てるべきなのかが、初めて正しく私たちに意識されるようになる。国家がもはや共同存在の外的な「形式」ないしは保護装置——その内部では、保護以外の点では国家を必要とせず国家から独立した一人ひとりの生が営まれるような——以上のものではないように見えた時代がかつて存在した。このことからも、国家の占める特権的な立場を認める必要性が指摘されなければならない。これは、国家すなわち公的生活の全体に、人間存在における周辺的な意義を割り当て、自らとその同朋に国家とは無関係の「純粋な」精神という領域を確保することを自らの使命だと考える詩人や作家や思想家が今日まで少なからず存在しているだけに、無視されてはならない考えである。外的な国家と内的な精神を切り離そうとするこの種の試みはすべて、国家のもつある抗しがたさゆえに、すでに否定されている。今日では、時代の自己理解を探求するあらゆる真摯な試みにおいては、国家がその抗いがたさとともに自らの立場を確実なものにすることが知られている。これは、私たちが目前に見ている弁証法的唯物論の形をとった自己解釈のなかで、揺らぐことなく首尾一貫して生じている事態である。ここでは国家はおそらく、ほとんどの点において国家に無関心な一人ひとりの生を外的な存在の秩序としてまとめる単なる制度ではない。国家は歴史的な権力であり、その権力は生をあらゆる部分において、自らを表出する内面性のもっとも高尚な開示に至るまで、ひとつの発展の線——その必然的な方向性について私たちは、マルクス＝レーニン主義の社会科学を例に解明してきた――につなぎ留めておくことを自らの責任と見なす。国家は救世主であり、その活動は、国家が弁証法の法則に従う運動の終点において、ある社会的な状態――それが実現することで、国家自体が、言い換えれば国家のなかに集中化された強制力が不要となるような状態――の幕開けを告げることによって完成する。現世の神へと高められたこの国家から「自由な」世界の国家へ、民主的な国家へと私たちが眼差しを移す時、一見すると、生を外側から包み込む枠組みという上で再確認されたイメージは、国家が自らの領域内で活動する個々人の存在の自由を誠実に尊重するその程度に応じて、国家に当てはまるように見えるかもしれない。しかしながら、そのように国家を秩序の監視人へと格下げすることは、民主主義の意味についての根本的な誤解を意味するだろう。自らを正しく理解する民主的な国家は、国家に賛成する者や反対する者を保護装置として包み込む外的な形式として自らを理解してはいない。そうではない。民主的な国家は、この生の多様性**もまた国家の固有の生である**と理解している。より正確には、国家が死せる機構以上のものであるためには、すなわちつねに自らを形成し作り変える政治的全体であるためには、その多様性が国家の固有の運動のなかに投影されなければならないことを理解している。民主的な国家は繰り返し人々の連帯や対立とともに作用すること、民主的な国家はこの永遠に繰り返す運動を単に許容するのみならず、国家が勢いを保ち続けるために固有の体制を通して呼び出すこと――これこそまさに国家を「自由な」国家にするものにほかならない。国家をそのような性格において把握できるのは、個々人の存在を規制する形式的な装置へと国家を外在化するのではなく、共通の生の全体として国家を捉えるような自己理解を通してのみである。しかしながら、民主主義と切り離せない不一致や摩擦や衝突のために民主主義に対する不快感を数多く表明する人々が皆、あからさまに民主主義に対する国家の賛同と積極的な関与を拒否し、さらには中傷によって民主主義から道徳的な信用を失わせようとする傾向にあるとすれば――それは、入口の手前で待ち構えている全体主義国家を呼び戻すことにほかならないのだ！　この民主主義に対する国家の関与という選択肢が避けられないことを見据えている者は、自らの時代の理解において、ある本質的な一歩を踏み出したという理由で、自らを讃えてかまわない。しかしながら、かけがえのない人格としての存在であるために必要不可欠な表現の自由を手に入れるために、何ひとつ犠牲にしようとしない者にとって、この一歩を踏み出すことはきわめて困難だろう。

人間と歴史

自由のために共産主義のイデオロギーの宣伝に耳を閉ざすことを決意した者でさえ、この福音が人々から受け入れられるにあたっておそらく他の何よりも大きな影響をもってきた、そして今ももっている希望を断念することから逃れることはできていない。共産主義の教義は、啓蒙主義の人間哲学に従って、**「歴史」**と呼ばれるあの一連の出来事のなかに、人類の発展は超歴史的な完全性と至福へと流れ込むのだと主張したくなるようなさまざまな対立の帰結しか見ないことを、私たちは知っている。歴史の「進歩」の方向は、歴史をこえて存在している目標から規定される。まさに自らに基礎を置く「事物」が導きの糸を提供するところでは、人類の発展の進行は調和に近づくどころかつねに新しい緊張を引き起こすのだと私たちが確信することによって、さらにまた、この事物に支配された領域の外部において初めて、人間の物事が自動的に完成するためのあらゆる前提が消滅するのだと私たちが明確に理解することによって、同時に私たちは、歴史の艱難辛苦のもとで呻き声をあげる人間はいつの日にか、たとえ遠い未来においてようやくであるとしても、歴史から解放され安息を得るのだという考えに別れを告げる。私たちは、幸福な終点において歴史は自らを不要なものとするだろうという希望を断念する。むしろ私たちは、人間と歴史は厳密な意味で互いに連帯しあっており、人間であることは歴史を耐え忍びつつ担うこととほとんど同義であり、歴史をもつことは人間であることとほとんど同義であると言わなければならない。歴史から解放された人間など幻影なのであり、この幻影のなかにその努力の照準点を見るべきだと考える時代の自己理解は、多くの鬼火を追いかける人間という種の、もっとも堕落した自己欺瞞である。多くの人を魅了するこの幻想に抗して、私たちは誠実さの精神を呼び起こそう。すなわち、歴史のなかで確立されてきた状態と促進されてきた諸力からの圧力を、空想に没頭することで軽減しようとする安易な態度を自らに禁じる誠実さである。そのような空想がもつ妄想的な慰めは早晩、奈落の底への墜落という代償を払わなければならないのである。

私たちの時代の自己理解は、人間と歴史を分かちがたく結びつける必然性について釈明することによって、人間一般に分け持たれた理性――その理性は、歴史をこえた立場から、すでに過ぎ去った歴史と未だ到来していない歴史を、表向きは必然的に見える前進という線で後から、ないしは前もって結ぶのだが――の可能性という考えにも別れを告げる。私たちは、まさに次の一歩を踏み出した人間という種の一人ひとりが、自ら克服しなければならない課題を、超歴史的な理性によって割り当てられるのではなく、固有の生のただなかから、固有の存在の力によって、これから取るべき方向を規定しなければならない固有の責任にもとづいて手に入れるのだと認識する。歴史から解放された知恵の格言によって、選択し決定するという勇気のいる企てが個々人から免除されるわけではない。歴史をこえた啓発として残されているのはわずかに、歴史における個別具体化を避けられないことや、歴史のなかでの決定から逃れられないことを私たちに解き明かしてくれる原理的な洞察だけである。なぜなら、仮にも歴史の動きの流れのなかに理性が溶けて消えてしまうことがありうるとすれば、歴史の動きのなかで語られたことはその妥当性や議論に値する意味を失ってしまうからである。この意味で、そしてこの意味で**のみ**、私たちは右で、歴史から逃れられないことについてそもそも敢えて何かを語ろうとする以上、歴史をこえたところになければならないあるひとつの立場から物事を見る能力を、自らに認めたのである。

この立場に登り詰めた者が語ることのできる事柄の範囲と限界の代表的な範例を、私たちはすでに、時代の自己理解の本質と必然性を明らかにする役割を担っていた本論の導入部分で見た。この自己理解は何をなしうるのか、何をなさねばならないのか、そしてその自己理解の幕開けを告げ、その自己理解を近代の生の不可欠の特性にしたのはいかなる歴史的な変化なのか

――これらを明らかにすることができるのは、自らある特定の時代の自己理解のなかにとらわれ閉じ込められるような思考ではなく、時代の意識の個別具体化を省察しながら自らを高めるような思考だけである。けれどもこのように自らを高めることによって、個別具体的な形態をとる時代意識は、克服されるわけでも、排除されるわけでも、乗り越えられたものとして説明されるわけでもない。そうではなく、その時代意識はまさにそれが生に対してもつ代替しえない機能において解明され、確証される。歴史的存在である人間の自己自身による個別具体化とともに、そもそも人間の自己理解の個別具体化もまた、否定されないのみならず、要求され正当化される。このようにして、時代の自己意識は人間の生のひとつの現れとなり、その現れのなかに人間の歴史的な個別具体化もこの個別具体化についての知も、ともに範例として示されるのである。

III　現代を歴史的に理解する(訳1)

歴史の像の形成

鋭い洞察力で現代の文化を解剖する者は、生(訳2)が進歩するにつれて人間とその目標とを結びつける構成要素が増え続けるという事態に、文化の抱える不安の理由があると考えてきた。というのも、人間の精神が把握できる事柄の範囲には限界があり、したがってどのような発展も結果的には、その本来の意味からすれば単なる手段でしかありえないはずのものをしばしば自己目的として描いてしまう一方で、真の最終目標は地平の下に消えてしまうからである。その存在の多様な要素を支える基礎は何なのか、それらに意味を付与する頂点は何なのか、それらのうちで単なる手段ないしは必要度の低い付属物にすぎないものは何なのかを文化人類が考えるためには、文化人類が今日体験しているような仕方で、生の基礎がすべて暴力的に揺さぶられることがまさに必要なのである。もちろん、そのように時代が危機にあるからといって、人間の精神の把握力がすぐに、あたかも自動的に高まるわけではないため、逆の影響も現れやすい。例えば、ある時には眼差しが手段に向けられて目標を見失い、またある時には目標を追求するあまり手段を飛び越えてしまい、願望と目標とを結びつける構成要素の連鎖を無理やり短くしてしまうのである。このような現象は、現代の体験の影響のもとで私たちの民族のほとんどすべての人の心を捉える活発な意見交換の対象となっている問題領域、すなわち教育問題の領域においても生じている。もちろん、私たちの民族の教育力は強い自己反省を迫られており、どの教科も、いかなる有意味な連関がその教科の活動を国民の精神的な生の最終目標に結びつけるのかという問いから逃れることができないが、こうしたことはまた、すべてが検証に付されるべきこの時代にあって、救いの効果をもつものと見なされなければならない。しかもちろん、その連関はすぐに明瞭に見て取れるわけでなく、そのため場合によっては極端なプログラムや、唖然とするほど単純な要求や、表向きは否定できない説得力〔を備えた改革案〕などが計画に載せられている。これらの特徴は、ただ〔目標の達成に〕不可欠な構成要素を飛び越える無謀さから来ているのである。

現代がもたらす体験の内容をみれば、強力に推進されているこの教育改革がひとつの問題、すなわち**歴史教育**の問題にとりわけ努力を注いでいることも容易に理解される（訳3）。過去の知識をもとに現代の生を理解しようとする欲求こそ、人間の精神が歴史認識に向かうもっとも力強い動因なのだと歴史哲学が私たちに教えてきたとすれば、私たちの世代ほどこの真理が切実に意識されるべき世代はほかにない。出来事の嵐のなかに身を置き、その力に心を揺さぶられ精神を麻痺させられながら、この混乱を照らし出し秩序づけることのできるような考えを、私たちはとりわけ人間共同体のすべての運命の解釈者、すなわち歴史のなかに探し求める。そのような明確さをまさに歴史に期待できると、私たち人類はいとも簡単に思い込んできた。それどころか、少なくともあらゆる生の現象を、その所与の姿において受け止めるのみならず歴史的発展の結果として理解する能力によって、過去の精神的時期を乗り越えていけるのではないかと考えてきた。歴史的な生に備わる基礎力一般を理解することが重要だったのか、あるいは世界の具体的な姿を理解することが重要だったのかはさておき、この期待はかなえられているだろうか？　そのような理解を躊躇なく自らのために、また同じ確信で結ばれた集団のために要求するような考えの持ち主ならば、この問いに肯定的に答えることができるかもしれない。

ほかならぬ歴史の理解を踏まえることでのみ解かれうる問いをめぐって私たち一般の人々の意見は分裂しているが、この分裂を見るならば、争い合う集団のうちの**ひとつ**だけにこの〔歴史の〕理解を認めるわけにはいかない。というのも、私たちの精神的な本質はまさにこの〔歴史の理解を重視する〕方向に向かって強化され深化されなければならないという気分が広まっているからである。あらゆる窮状を一挙に救うという約束の福音とともに、今日の改革運動はこの気分を歓迎している。すなわち、現代に対する歴史的な理解は不十分であるため、学校はまさに近現代の歴史的内容を歴史教育の中心的な対象にしなければならない、というわけである。

その不十分さをいったん認めた者は、避けがたい論理によって、右の要求に同意するよう強いられる――一見するとそう見える。しかもこの思考の歩みは、ともかくこの教育問題の困難な性格を前にして回避されるのではなく克服されることが望まれるような一連の課題をただすべて脇に押しやることで、いとも簡単にこの結論に至るのである。しかしながら、探究がその最終目標に到達するために克服されなければならない事前の問題、あるいは中間の問題のひとつに、ここまでの論究がほとんど触れないままにしていたある根本問題がある。すなわち、私たちが「現代を過去から理解する」と呼んでいる**認識という事象の本質**への問いがそれである。この問いが立てられる時、議論は、人間の思考の動きのなかに実によく見られるひとつの現象を繰り返す。すなわち、個々の研究領域において、基礎概念が、その内容をより詳しく検討されることなしに所与のものとして受容され、ついには思考がまさにこの前提に向かい、実際には最初のものであったこの前提を最後のものとして問題にするのである。**認識**の過程のすべてが論究の対象となる場合には、本来出発点にあるべき問題をこのように転倒させてしまうような事情がさらに加わる。認識という行為は、事柄の本質に従えば、その対象に専心し「埋没する」のを常とするがゆえに、客体の単なる受容と模写に等しいように見える。それゆえ浅薄に考察する者は、認識の向かう**対象**の理想的な本性がいったん正しく把握されたならば、それに付随する認識の過程の本質についてもすでに明らかになったと考えてしまい、対象の構造は認識する主体の思考との相互関係のなかでしか解明されない、という点が忘れられるのである。「認識」と呼ばれる唯一の、純粋にそれ自身によって規定されそれ自身と同一であり続ける、いわば中立的な機能が、多様な客体の選択に従ってその方向を決めるのではない。この機能はそれ自体、分類された対象領域と同様に細分化されているのである。それゆえ、認識という事象を正しく理解したいと望む者は、客体の構造の分析を通して問題を解決できるとする誘惑と対決し、認識という行為ないしはその連関の構成に自らの注意を向けなければならない。**教育的な**関心に導かれて特定の認識課題や認識作用を解明しようとする探究も、とりわけこの要求に従わなければならない。問われている思考の構造を明瞭に洞察する者だけが(原1)、あいまいな常套句や根拠のない推測の段階を越えて、教育的な思考を形成することができるのである。

明らかに、この問題に関連する論究では、事柄のこの側面はまったく考慮されていない。「現代を過去から理解する」と私たちが名づける認識作用は本来複雑に絡まり合った性質の思考から成り立っているのだという認識は、そこには見られない。それらの論究はたいてい、現代の現象を理解するのはその歴史的な発展を、すなわちその前史を**知っている**者であるという、明確に表明されることのほとんどないイメージにもとづいている。プロイセン国の歴史を知っている者、イギリスの世界支配の歴史を知っている者、ロシア国民の歴史を知っている者、そうした者はそれによって**ほかならぬ**現代の出来事の部分や断片――〔歴史のなかで形作られる〕形成物の生がそこで展開していく――をも理解できる、と言われる。歴史の授業が必要に応じて教材を詳細に説明し、実際に現代の入口にまで迫るならば、学習者の精神的能力がどのような教育にも設定する限界の範囲内で、あの〔現代を過去から理解するという〕目標は達成される、と言われる。言い換えれば、あたかも新しい環をつなぐことで鎖が延ばされるように、現在の過程の認識が過去の発展段階についての知識に――しかも、すでに知られており所有されている事柄が、それ自体何の変更も被ることなしに、新しい事柄を支持し解明するのに役立つような仕方で——接続するわけである。このような理解が指示するところに従うならば、私たちは、進歩のなかで物事の流れとともに「現代を過去から理解する」べく努力し続けてきた人間の発展を考えようとする時には、すでに得られている内容に新しい内容がつねに繰り返し積み重ねられるのだと想定しなければならないだろう。

もっとも、今ここで自己を表明しながら居合わせている**個々人**を「理解する」時に働いている認識作用に目を向けるならば、上述のように特徴づけられたイメージは、ここで問題となっている思考過程の像を機械的に粗雑に描き出すにすぎないもの、いやまったく描き損なうものであることが分かる。個々人を理解する場合においても、今ここで生じている出来事の理解、すなわち当該の人物の作為と無作為、語りと行いの理解は、過去に獲得され同じ生の中心に組み込まれている認識の在庫と何らかの仕方で同時に作用しているのである。私は、当該の人物の「像」を、すなわちその人物の本質に対する複雑に絡み合った見方をもつ。そしてこの像は、その人物が存在の新たな表れとともに私の前に現れる時、同時に作用する。さてしかし、これは蓄積された知識の在庫に単に新しい知識が加わるようなことなのだろうか？　その新たな表れが、すでに思い描かれている像を何らかのモチーフにおいて豊かにするだけならば、あるいはその像の輪郭のひとつを確証するだけならば、ひょっとするとそう言えるのかもしれない。

――しかし、新しい体験がそれまで抱かれていた像に合致しない場合、あるいは何らかの点で対立するような場合には、まったくそうは言えない。たとえ私がある人物をその心性の根本まで知っていると思ったとしても、次の日にはその人物が私に「理解できない」行動や発言を行うこともありうる。新しい印象が教えてくれるものを単に追加するだけでは、おそらく理解は生じていない。なぜならそのような追加は矛盾をそのままにし、すでにもっている像を新しい性格によって豊かにする代わりに、互いに折り合わない二重の見方を持続させるからである。そうなると、どちらが**真の**「本質」なのだろうか――過去の記憶のなかに保たれているものか、それともこの現在の行動が示しているものか？　この問いに満足のいく答えを与えようとするなら、新しい体験を「これまで抱いていた」「像」に対置するだけでは十分ではない。その種の像はいずれも、それだけで私が当該の人物に関して知っている事柄の**すべて**ではない。その像は、複数の側面から解釈できるひとつの経験がずっと私に教えてきた事柄についての、ひとつの概括であり、簡単に見渡せるひとつの要約なのである。その像は、私の理解力が限られているためにすべてを繰り返し参照することができない数多くの体験の代替物として役に立つ。また、私が何の懸念もなくあの「像」に立ち返ることができるのは、何らかの矛盾が生じない限りにおいて、すなわちある新しい経験が像を何らかの点で疑わしくしない限りにおいてである。

というのも、対立を調停しようとするならば、要約を眺めるだけでは済まないからである。重要なのは、その結果が像のなかに集約されている生ける経験の全体に立ち返ることであり、それを代表する役割が像に与えられている個々の出来事のすべてを呼び起こすことである。なぜなら、解釈によるそれらの経験や出来事のまとめ、ないしは像がそれらをまとめる仕方は、まさに新しい出来事によって疑わしくなっているからである。今や、そのまとめは新しい証拠とよりよく折り合う解釈を許すのかどうか、再度検証することが重要となる。今や、そのまとめのなかに、おそらく以前にはほとんど気づかれなかった特徴――今初めて現れ出た本質の一面がそこにすでにみられるような特徴――を探すことが重要となる。像に代わって、そこから像が導き出された、幅広い大量の素材が現れる。その素材は新しい経験と一緒にまとめられる。――そして、主体の行う比較や秩序づけや組み入れといった働きは、古いものと新しいもののなかから、ひとつの新しい、しかしそれ自体で調和する像――その像のなかでは、古いものがかつて占めていた場所やかつてもっていた意義を主張することはおそらくないが、それでもやはりその像は同じく豊かな経験を自らのなかにまとめている――が作り出されるまで続けられる。すなわち理解する精神は、生の表れの多様性を、その多様性を生み出すもとである生の統一性へとまとめるよう、繰り返し促されるのである。そしてまた、新しい像が本質的な変換を被ることなく自らを保持できるのも、新しい出来事が疑いや矛盾を再び呼び起こさない限りにおいて、そして解体と秩序づけと改造の作業が新たに始まらない限りにおいてなのである。

さて、ここで分析した過程は、「過去から理解された現代」という言い回し――過去はつねに光を投げかける側であり、現代はつねに解明を受ける側である、という確信がその基礎にある――によって問題なく特徴づけられるのだろうか？　そうではない。むしろ、現代が過去から理解されるのと同じ程度に、過去は現代から理解されるのである。解明と修正の作業は、単にそのつど経験され解釈されたひとまとまりの事柄を越えて広がるのである。過去と現代を――表面的につなぎ合わされた一連の出来事であるかのように――〔まず〕相互に引き裂き、その上で二次的に思考の上で関連づける語り方は、そもそも直線的に連続しない連関を機械的に偽造する語り方に比べると、より鋭く検証されたものと思われている。〔けれども、〕理解されるべきもの、それは切り離された過去から解釈されるべき孤立した**現代の**出来事でも、切り離された現在から解釈されるべき孤立した過去の出来事でもなく、いわば過去と現在の出来事を貫いて動き、またあらゆる変化のなかで同一性を保つ、**統一的な本質**である。その本質は、すべての単なる表面的な連続を超えて、すべての個々の出来事のなかにひとつの全体として、分割されないものとして、存在している。真の「理解」はすべて、たとえそれが実にしばしば、専心して**唯一の**表れを解釈しつつ見抜くことであるように見えるとしても、時間と内容に従って確定される個々の事柄の把握に向かうというよりはむしろ、**ほかならぬ**内的な生の基礎――そこでは、時間的に固定されたものや内容的に限定されたものはすべて、そのつどの瞬間を超越する過程の全体へとまとめられる――へと向かう。個々の表れは、切り離されそれ自体で存在しているものとして理解されるのではなく、それらがいわばそこに組み込まれている、生の統一からのみ、理解されるのである。

おそらく次のように反論されるだろう。このような〔過去と現代の〕相互の照らし合いが生じるのは、新しい経験によって古い意見の**修正**が必要となる場合に限られ、この説明の全体は、像が単に補完され確証されるような事例には当てはまらないのではないか、なぜならこのような事例では古いものは変化しないと主張されているのだから、と。けれどもこのような考えは次のことを忘れている。生――とりわけ**精神的な**生――のなかで何かが不変のままにとどまることはほとんどなく、また生の発展に何事かが外から追加され付加されることもほとんどなく――さらには、順に並べられた個々の認識を拾い集めるだけに終わるような理解が、その対象を十分に捉えることもほとんどないことを。生成の過程を、その進展に歩調を合わせながら理解しようとするならば、その過程の像は一連の流れ――この流れこそ、理解の対象である現実の特徴をなすものである——において捉えられなければならない。そこでは、意識的にせよ無意識的にせよ、その「像」が何らかの仕方で変化や深化や修正を被ることなしには、出来事は決して把握されない。新しい印象は、収集された経験の在庫につねに何らかの仕方で立ち返り、その在庫を何らかの仕方で転換する。真の理解が個々の事柄から**全体**の中核へと突き進むまさにその時、それ以外のことがどうしてありうるだろうか。たとえ私たちが、まったく意識的に、根本的に像を更新したと考えるとしても、それは〔いわば〕ひとつの物差しのもっとも外側にある、それゆえ典型的でもっとも説得力のある構成要素〔を見ている〕にすぎない。同じ物差しの反対側の終端には、〔正しいと〕「確証」され〔新しい像の形成へとつなが〕るべき事例が数多くあるのである。

私たちは、「現代を過去から」理解すべきだと説くあの教えをめぐってここで展開してきた考察を、それに対応する、歴史の巨大な全体の流れに対する思考へと転用することが許されるだろうか？　一見するとこれはまったく疑わしく見える。というのも、ここで考察の対象をなしている〔歴史の〕全体、例えば民族、文化圏、時代、組織、芸術や科学や宗教の生成連関などは、存在の表れの力強さと豊かさという点で、個々の主体の存在が示すすべてのものをはるかに凌駕しているからである。のみならず、それら全体のなかには、個々の人物の統一の本質をなす構造よりもはるかに複雑で見通しがたい構造が含まれているからである。しかしまさに、全体は、ほかならぬ私たちの問題にとって決定的な点において、個々の人物と比較できるのである。というのは、ここ〔全体の場合〕でも、内容的に規定された多様な活動を貫いて、また行動や活動や運命の流れ——それらの時間的、内容的な相互関係が過程の統一を解体するのではなく確証するような——を貫いて、生が進んでいくからである。それゆえここでも、現代においても現れてくる姿を、例えば単にそれ自体で、それ自体から理解するのではなく、その姿が生じる母胎となる、生ける過去とともに捉えること、不断に自己を更新していくことが、思考にとって努力すべき課題となる。そしてここでも、すでに知られており解明されている過去の光が、今ようやく形作られようとしている現代に投げかけられるのみならず、現代の印象が過去の像を、予想もされなかった新しい色で輝かせるのである。——あるいはむしろ、過去と現代の出会いのなかで形作られる**ひとつの**像を手がかりに、私たちは、**ひとつの**本質を新しい目で見ることができるのである。

　もっとも、このような像が生じうるためには、前で分析した〔ひとりの人物の〕事例が私たちに示したものと同じ構造の思考過程が必要である。ここ〔全体の場合〕でも、問われている生の全体の「像」を呼び起こし——言い換えれば経験の在庫からすぐに役立つものを抽出し

──、その像と新しい印象との一致を問うだけでは十分ではない。──ここでも、要約〔としての像〕にとどまるのではなく、幅広く多様な生ける出来事──要約のなかにまとめられているのはその出来事の本質的な内容である──へと立ち返らなければならない。そうすることでのみ、現代を新しい姿へと促すものと過去が生み出したものとが、真に有機的に結びつくことができるからである。そのように像が再び解体されることがなければ、真に融和されるはずのない出来事の間で表面的な妥協が取り結ばれるか、統一されえない個々の印象のばらばらの並列で思考が満足するかのどちらかである。すなわち真の理解は、ここでも、あらゆる像の形成に先立つ最深の基礎へと降りていかなければならないのである。

とはいえ、どちらの場合も課題が原理的に同じだとしても、解決の条件は決して同じではない。問われるべき統一された生の大きさの違いや、その生の運命が記憶され、考えられ、形作られる形式の違いのために、認識する主体はまったく異なる種類の要求と向き合うことになる。その生の流れが何百年、いや何千年にも及ぶような巨大な全体は、「像」ではなく**直接に**記憶された数多くの生の表れを内的な目の前に呼び起こす、という仕方で観察者に姿を現すのではない。そもそも現代の観察者にとって、一定の時間を隔てた過去に控えているものは、他者が描き出し伝承された「像」や、あるいは例えば保持されてきた自己証言を通してしか、近づくことができない。過去に控える時代は歴史的に伝承された記録、すなわち媒介され、しばしば偶然と恣意による取捨選択によって規定された形式においてのみ、現代の私たちに語りかける。あの「像」は、到達できる源のうちもっとも遠くにある最初の源から流れ出しており、その源はそれ以上遡ることのできない境界を示す。しかし、たとえそのような仕方で示される境界が承認されるとしても――主体が現代に内在する像をその最終的な基礎にまで引き戻すのに、すべて〔の生の表れ〕が必要というわけではないのだ！　というのも、〔歴史が形作る〕生の形成物の規模が拡大するにつれて、私たちになお手の届く、その全体の存在を証明するものもまた、限りなく多彩かつ多様な姿をとって、いかなる人間の精神ももはや見渡すことができない形で、精神の宇宙のあらゆる領域に広がるからである。私たちの文化のあの大きな全体の一部分を理解したからといって、私たちの文化のなかにある生の全体の情報や自己証言をすべてまとめつつ把握し見渡すことができるなどと、あるいはその生の全体の新しい動きへの応答として、自らが抱く「像」をすぐに包括的かつ徹底的に改造できるなどと思い上がることは、誰にも許されないのだ！

すなわち、純粋に量的な観点から見るとすでに、「現代を」――あるいはより控えめに表現すれば、現代の生の巨大な諸力のわずか一部分でも――「過去から理解する」という大胆な企ては、本来人間の手に余る作業なのである。問われている生の形成物の、**現代における**表れを、すなわち実際には、事象や運動や声明や活動の巨大な複合体を、ただ眺めつつ把握することさえ、死すべき運命の者には許されていないことを考えるならばなおさら、その企てはまさに人間の手に余る性格の作業なのだと明らかになる。〔しかしながら、〕たった今論究したことを考えあわせるとしても、学校の教育活動に何のためらいもなく負わせられている課題が、教師でさえも挫折するに違いない企てのように見えるのは、この〔量的な〕困難さのゆえではない！

ましてや、量的な困難さは実際には全作業の最下層に属するものであるがゆえに、そうなのである。というのも、その困難さが克服されたと仮定するなら、まさにその時に、主体のもつ像形成の力がこれからその作品を作るもとになる、生の素材がようやく待ち構えているからである。その形成力は、大それた無謀な企てにいつ成功するというのだろうか！　ここで理解されるべき形成物は強大でその表れは無数であるがゆえに、過去におけるその形成物の生を把握しようとするだけでも、歴史的直観には相当な働きが必要とされる。しかしともかくも、その形成力は、ここですでに、現実の姿のなかに、その形成物の解釈を方向づける一定の点を見出す。というのも、形成力が膨大な過去の生のなかから歴史的に重要なものを取り上げようとする時、その選択は、すでに過去のものとなったその影響を歴史的に認識できるのと同じくらいに客観的な基準を拠り所とするからである。その形成力が結果から原因へと線で結ぶことによって、歴史的生の流れが組み立てられ、構成の始点となりうる確固たる点が現れる。しかしながら現代の生の海を見渡す者は、そのような指標となる点の欠如に耐えなければならない。生の表れの多様性のなかからは、さまざまに異なる理解がその証拠を拾い上げることができるのである。思考が現実の姿の混沌を秩序づける時に用いる線、その線は──未確定の**未来**の暗闇のなかへと伸びていく。というのも、実際には、「現代を歴史的に理解する」とは、過去と現代のジンテーゼであるのみならず、未来を先取り的に解釈することでもあるからである。未来は、私たちがそれを願い、望み、恐れるように、観点の一部を手渡してくれる。それに従って、私たちは、現代の事態の見通しのきかない混乱のなかから特定の要素を解釈し、その要素を私たちの認識像の構成へと組み入れるのである(原2)。しかし当然ながら、未来の可能性が構成のなかに組み込まれる場合には、予感の入り込む余地はさらに広がることになる。

要するに、そのように現代**のなかに**過去と未来を把握しようとする理解、またそれを可能にすべく、多様な姿を取る膨大な生の見通しがたさを一握りにまとめようとする理解は、そもそも人間の精神が携わることのできる試みのなかでもこの上なく無謀なもののひとつなのである。この試みがきわめて浅薄な空論や奔放な空想以上のものでありうるのは、何とか措置できるあらゆる保護と制御でその試みを取り巻く場合に限られる。言い換えれば、関連する経験の素材をこの上なく誠実かつ根本的に吟味することで、そのような像形成の行動に向かう心性の本質をなす予感という要素を制御する場合、そして、この上ない注意深さへと高められた批判的な自己熟慮によって、性急さと突飛さを抑制する場合に限られるのである。

偽りの歴史の像

現代を過去から理解すること、この一見すると何の問題もない思考は、実際には、歴史の認識がそもそもたどらなければならないきわめて複雑な過程のひとつなのだが、このことは、最小限にではなく詳細に説明されなければならなかった。なぜなら、私たちの生の実践はまさにその反対のことを証明しているように見えるからである。半分程度の教養しかもっていない者でさえ、そのような理解を必要とする問いにつねにすぐに確実に答えることができる。こうしたことも、〔生の実践に対して〕判断を下す者が不安になるのは、自らの能力に対するささいな疑いのためではないことを裏づけるのである。不安に包まれた判断を誘発するきっかけは無数にある。何千年にもわたる歴史的な過程を今日のような姿や体制へと到らしめた巨大な存在力に縛られながら漫然と暮らす人間、その存在力によって存在を支えられ妨げられる人間、その存在力によって財を与えられ、徳を授けられ、情熱で満たされ、不和によって苦しめられる人間――このような人間は、それらのすべてを、自らが関与することのないまま進む運命であるかのように無意識的に体験するのみならず、あの〔存在〕力が世界という舞台の上でそのドラマを演じるのを**見ており**、苦悩においても行為においても自らがその〔存在〕力に結びついていることを**知っており**、それによって人間は、ほかならぬその存在力の本質、すなわちその過去と現在と未来の姿によって、「像を形成する」ことができる。さらにはその結果としてその〔存在〕力の生ける影響が人間に理解されるようになり、場合によっては前もって計算できるようになると考えられている。高度に発展したジャーナリズムは、〔歴史が形作る〕あの巨大な形成物の生が投影された表出や行為や作用を、世界のあらゆる地域から絶え間なく人間に知らせている。私たちの問題を形作っている機能をたとえ控えめにではあれ果たすよう求められていると感じることなしには、人間は新聞を読むこともできない。自らが知った、あるいは体験した事象を、人間が生の歩みのなかでその構成要素を形成する歴史的な生の全体のなかに埋め込むことが、つねに重要となるのである。しかしながら――前で論究したことに従えば、その種の認識課題に取り組む、訓練を積んだ専門家さえをも邪魔する困難の大きさと重さを考えるならば、人間に期待されたことがすべて実現できるわけではないのだとすぐに気づかれるに違いない！　というのも、専門家はいざ知らず、あの文化諸力が過去において表明した本質や現代において多面的に展開した存在を、せいぜい時々ちらりと見ることしかできない一般の人々に、一体何ができるというのだろうか？　この形成物の存在の深みから新しい行動が突然に現れ、ともに生活し行為する仲間を全体から「理解」するよう要求する時、**一般の人々**はいかなる経験の在庫へと立ち返るべきなのだろうか？　多くの場合、いやほとんどすべての場合、人間がもっているものといえば、人間の背後にありいつでも活かすことのできる豊かな経験の在庫を**代表し**、それゆえすぐに流動化させることもできるような像なのではなく、一般的な規定――その背後には展開できる具体的なものの見方がまったくない――の不十分な寄せ集めなのである。平均的な同時代人が、ロシア民族の性格や、労働者階級の心性や、キリスト教の精神や、イギリスの文化等々についての自らの理解を十分に発展させようとする場合に、どのような経験の在庫を用いるか、まったく明らかではないだろうか！　学校で暗記したわずかな日付、初歩的な事典項目、どこかで拾い上げたいくつかの「特性」、そしておそらく、問われている生の諸力を代表する人物についての偶然的な印象――まさにこうしたものを素材として、一般の人々は全体に対する自らの見方を素人細工で作り上げるのだが、その見方はあまりに内容が空疎で、硬直し、浅薄なものなので、生き生きとした動きへと解体されることも、新しい印象と有機的に関連づけられることもできないのである。

ここにみられるような、認識の課題に取り組む際に立てられる理想的な要求と主体が実際に身につけているものとの不釣り合いを考えるならば――批判的な疑いや、自らの判断力への深い不信や、絶望的な断念に覆われるのが普通だと考えられるかもしれない。すでに気づかれたように、実際にはその逆である。他の認識領域の問題からは慎重に距離を取る人間、微分法や古代バビロニアの言語やラジウムの影響を「理解」するという妄想に根拠なく身を捧げることなどない人間――まさにその人間が、満足した解決に結びつくすべての前提を所有していると考えられる場合に限って理解できる**この**〔歴史的な〕認識課題については、つねに楽観的な確信とともに着手し処理するのである。党派や民族の内政や外交の闘争において通常どのような形で意思形成が行われているかをみれば、平均的な人間が全体に対する自らの見方の能力をどれほど強く信頼しているか、暗記している決まり文句のなかに世界史を理解する鍵をもっているのだとどれほど強く誤認しているかについての、もっとも説得力のある証拠が得られるだろう。

ここで要求されている認識作用の不可欠の前提がそれほどまでに甚だしく誤認されてしまう

ことをどう説明すればよいのだろうか？　その原因は、問題となっている思考過程の固有性、すなわちその思考過程の結果を私たちが素直に「像」と特徴づけてしまうという固有性のなかに探されなければならない。思考が形成するものの特性を表すのに、このような特徴づけは他の何にもましてふさわしい。なぜなら、その〔歴史の〕理解は、たとえその基礎となる素材がどれほど限定され、一面的で表面的だとしても、所与のなかに**全体**を、すなわち表れのなかに込められた心性の全体を、把握しようと努めるからである。**内的な像形成**の働き——それは直接の所与が示すことのできないものを、ある種の補完的で補足的な空想によって付け加える働きなのだが——によらないで、いかにして偶然で断片的な証拠からそのような全体が得られるだろうか。たとえひとりの人物が私たちの目前に初めて現れ、その人物が何者なのかを示唆する、ふともらされたわずかな表れや眼差しや身振りだけから私たちに何かを知らせるとしても、私たちの理解は、このような個別のデータをただそのまま登録するのではなく、それらのデータの背後に、たとえなお漠然とであれ、その人物の全体の輪郭が姿を現すのを見るのである。しかも、このような像が生じるためには、第一印象と結びつく特別な思考は少しも必要とされない。表れを認識するなかで、すでに像も生じている。さらに関わりを続けるなかで、第一印象は、場合によっては意識的な反省の介入を受けながら、補完され修正されていく。この発展的な認識の過程は、最後になってようやく合算され望みどおりの全体的印象をもたらすような個々の認識の収集と総括の過程なのではない。そうではなく、すべての段階において私たちは**全体**像を見ているのであり、その全体像は、その経過とともにより完全なものへと形作られ、細部においてよりよく確定されるのである。すなわち、ここに示されている認識の過程は、素材をできる限り完全に我がものにした後で初めて何らかの成果を得たと感じられるような性格のものではなく、反対に、そもそもつねに目的地にいることを知っているものなのである。なぜなら、その認識の過程は、求めている全体をつねに何らかの仕方で捉えているからである。「像」はいつでも、その躍動感にあふれた、勢いよく迫ってくる性格のゆえに、信頼できるように見える。印象のなかに素朴に没入する人間が、その像を十分に根拠づけられた認識と同一視してしまうことは避けられない。他分野における認識にはそのような特性をもった思考がみられないのはなぜか。このことは、右で比較のために引き合いに出した認識作用を一瞥するだけで十分明らかになる。

生き生きと居合わせている個々の人物を理解することではなく、集団的存在――その一員を通してのみ、あるいはそれを間接的、派生的に証明するものを通してのみ、視界に浮かび上がってくるような――を理解することが問題となる場合にも、まさに同じ像形成の力が働き始める。拠り所となる素材が不足しているとしても、所与のものを生き生きとした理解可能な像へと制約なしに自動的にまとめ合わせていく形成的で補完的エネルギーが、すべて妨げられ惑わされるわけではない。倦むことなく働く空想は、あらゆる断片的なもの、偶然なもの、孤立したものを、自らを説明する連関へとつねにまとめ入れる。そして、そのように不十分に飾りつけられた像であっても現実の知識に匹敵するのだ、という意見がどれほど根拠のない思い上がりであるとしても、**ひとつ**の事情に目を向けると、その意見の弱点がいくらか取り去られる。というのも、この中途半端な知識は次の点で賢明な専門家の認識と共通しているのである。すなわち、専門家の知識も「像」であり、その像は、すべての素材を疲労困憊するほど苦労して処理する作業のなかからその真理を引き出すのではなく、手に入れることのできる事柄を選択し、まとめ、具体的に形作っていく作業を通して、まったく見通すことのできない生の動きを**代理する**という性格をもつ点である。無能な者をも助ける空想の介入なしには、この像は生じないだろう。専門家の充実した見方と平均的な観察者の粗雑で濃淡に乏しい像とを隔てる距離がどれほど大きくとも、歴史的客体に関しては、正しいことと誤ったこと、理解と無理解との間の境界線を、他の客体の場合ほど鮮明かつ一義的に引くことはできない。手に入れることのできる個々の素材を我がものとすることが実際の理解にとって第一の条件となる限り、その境界線は、せいぜい素材の観点からは規定できても、機能の観点からは規定できない。なぜなら、すべての歴史的認識に内在する予感という要素を、厳密に方法的に制限することはできないからである。こうして、客体の完全な理解から根本的な誤解への流れるような移行が生まれるのである。けれども、このように段階づけられた理解を含むイメージにはすべて、ひとつの共通点がある。すなわちそれらは、どれも同じ程度に「客観的」なものとして、経験のなかで根拠づけられたものとして、そして歴史的に証明できるものとして現れるということである。像を形成する空想は、不確実な感覚を生じさせることのない無邪気さとともに作用するのである。

ここで、この〔像の客観性の〕確信の正しさを揺るがすものは、例えばその基礎〔となる素材〕の不十分さだけではない。形成力が所与のものを処理する自由が増せば増すほど、その形成力の活動の余地が十分に根拠のある物事に関する知識によって制限されることが少なくなればなるほど、その形成力の動きが思考の批判的な規律によって抑制されることが少なくなればなるほど、その形成力は自らの作用と並んで、別の由来の別種の傾向をますます容易に引き起こすようになる。すなわち、主体がそれに気づく必要のないままに、恐怖と希望、願望と欲望、憎しみと愛情が像形成の経過に入り込み、形成されるべき全体に望みどおりの性格を付与し、そうすることで確証を得ようとするのである。けれども、このような思考の結果として精神が目にするものは、歴史の根拠づけに関わる確実性の感覚を、真の理解と分け持っているのである。すなわち、今や「現代は過去から理解されている」のだ。

こうして思考は、生の現象を歴史的に理解しようとするやいなや、別の方面での思考の活動を欺きうるよりも数において勝るだけでなく、欺瞞に気づくことなしに思考がそれを最後までたどってしまうような、**誤った道**の前に立たされる。この致命的な特徴は、私たちが見たとおり、十分な能力をもたない者がその生を形成するにあたり、自らの力を試す以外にないような仕方でこの認識の対象に出会うがゆえに、特に強く当てはまるに違いない。しかし、歴史的思考がはまり込むそのような誤った道の悪影響は、現代がその対象である以上、単なる**思考**の誤りをはるかに超えるがゆえに、もっとも深くにまで及ぶ。昨日についての判断は観察者の判断であり、今日についての判断は**行為者**の判断である。現代を歴史的に理解することはすべて、単なる理論であるにとどまらず、歴史の影響とともに行為する使命をもつ人々のなかに、まったく直接に意志の衝動を解き放つ。未来を思考することは意識的、無意識的につねに現代を理解することに介入するが、そのもっとも深い理由がここにある。こうして、現代を歴史的に理解することと自体が、歴史的出来事のひとつの要因になる。しかもそれは、歴史的出来事が引き起こされる原因へとますます関与を強めていくような要因である。無意識のうちに作用する、行為の推進力となる本能や感情が、明確に意識された動機づけによって次第に排除されていくことは、文化の発展の根本的な事実である。加えて、私たちの時代の精神的な本質は、感情的で遺伝的な動機づけからすべての行為を解放し完全に合理化しようと望む、この明確な意識によって特徴づけられる。しかし、現代の人間の行為を導く意識的な動機づけのなかでは、歴史を踏まえた動機づけが非常に幅を利かせている。けれども、歴史的思考がますます強く集中して行為に作用を及ぼそうとする結果、個人の活動の範囲も同時に見通せないほど広がり、その個人の行為が再び歴史に影響を及ぼさずにはいかなくなる。大衆が共同体の形成にますます強く関わるようになって以来、また個々の市民が政治的権利の行使を通して完全に国家という生の共同の担い手となって以来、その思考と行為が歴史への影響になんら寄与しないような個人はもはや存在しない。こうして、知識と教養の考えられうる濃淡の差をそれぞれ代表する無数の人がその環境世界を理解する仕方が、あるいは理解したと思うその仕方が、この環境世界のさらなる運命に深い跡を残すに至るのである。しかし今や、行為を導く考えは歴史を踏まえているのだとする確信が、その考えのもつ動機づけの力を、あたかも根拠づけられたものであるかのごとく、あるいは妄想のごとく、効果的に強化する。ここに、歴史の像はそもそも論理的に制御できない力によって構成されるという事実の、もっとも深刻な影響がある。歴史的な動機づけの突破力は、ほかでもなくそれが合理的に、意識的に、そして科学的に証明された姿を取るという事情に由来するが、しかしその成立の過程では、批判的思考の監視を逃れるがゆえにあらゆる非合理的な影響にさらされてしまう部分をもつ。その結果、歴史的な理解が行為を正しい方向に導くのと同じ力強さで、偽りの歴史的な誤解が行為を誤った方向に導くのである。このことは、翻って私たちの時代の本質を余すところなく明るみに出している。誤って歴史に根拠をもつと考えられた偽りのイメージが民族の憎悪や党派の確執に関与していることを評価したいと思う者がいるだろうか？　いずれにせよ、歴史的に思考する現代の民族は、自らを理解する以上に誤解してきたのであり、この事実が説得力のある証拠をともなって生を覆っているのである。——自らの時代を評価する時に歴史的思考が陥る誤りは、そもそもどのようにして、実験が自然科学的思考の誤りを反証する場合と同じように、最終的に異論の余地なくその罪を証明されるのだろうか。せいぜい、すべてを厳しく検証する現実自体が、誤れる人間自身の身体や生に対して実験を行うにすぎない。そして、その結果をもとに自らを正すことができるのは、誤りと改悛がすでに過去の歴史となっている未来の世代に限られるのである。

歴史的思考が福音にも呪いにもなりうることをいったん認識した者が、次のように問わないで済むとは思われない。歴史についての考えのなかから、行為の根拠づけとその致命的な影響の可能性を排除するような精神のあり方のほうが、現実に広まっている精神のあり方よりも優れていると考えるべきではないのか、と。民族の心性を歪曲された現実の像で満たし混乱させる**偽りの歴史的な**精神のあり方に比べるならば、そのような**非歴史的な**精神のあり方はどれほど健全で幸福で誤りのないものに見えることだろうか。**ニーチェ**が非歴史的なあり方を「すべての正しい行為の母胎」(訳4)として祝福した時、そこでは生を抑圧する歴史主義の麻痺させる作用だけが考えられており、それに対してニーチェは、妨げられることなく十分に展開された本来の力という像を対置したのだった。しかしながら、知識過重な精神よりも妄想に魅了された精神のほうが危険であるのと同じように、歴史的な精神の構えよりも偽りの歴史的な精神の構えのほうが、はるかに大きな破壊的影響をもつように見える。もちろん、先の問いは実際には無意味であり、実りのない非現実的なロマン主義の雰囲気のなかでのみ真剣に立てられるものである。いかなる考慮や介入も近代の文化生活の明るい意識をもはや後戻りさせることができないのと同様に、個々人の場合であれ全体の場合であれ、行為の歴史的な動機づけが断ち切られることもありえない。そう、近代の生活はその動機づけを許すのみならず、それどころか至る所でその動機づけを強いるのである。政治的な共同行為の権限を得て以来、すべての国民は、生がそこで人間と出会う歴史の形成物に対して何らかの態度を取るほかはなくなり、そのためにはやはり、学校や報道機関や、高められた生を生きる一般の人々が知らせてくれるような、たとえなお不十分であるとしても歴史的な洞察が必要となるのである。それゆえ、一方で近代の生が人間に現代を歴史的に理解することを要求し、しかし他方で、この理解が可能なのは限られた専門家集団にしかできない思考活動だけであるとすれば、ここに私たちは**文化発展の二律背反**に直面することになる。いかなる知恵もその二律背反を調停することはできない。せいぜいそれを弱め、その影響をできる限り無害なものにすることが重要となる。歴史のイメージの本来の力がもつ、構成的であるとともに破壊的な作用を知っているまさに私たちの世代にとって、この問題こそ重要な課題のひとつなのである。

歴史的理解を目指した教育

当然ながら、この課題の本質的な部分は高等学校(訳5)に割り振られる。高等学校がその義務にそれほどまでに真剣に、それほどまでに責任をもって取り組まなければならないのはなぜか、またその解答がいかなる方向に探し求められるべきかは、私たちの考察がたどってきた大きな回り道のなかで明らかになったに違いない。その回り道はまず、推し進められている改革の提案に共通する根本的な誤りは何かを認識させてくれたはずである。たとえ「歴史的**思考**への教育」という標語が掲げられていても、それら改革の提案はすべて――「さらに詳細な内容を取り上げるべきだ」、「直近の現代に至るまでの進歩を扱うべきだ」といったように、教材の量的な増加を要求する提案であれ、古代、一九世紀、経済史、社会生活などのように、内容的、時代的に限定された特定の領域を優先的に取り上げることを要求する提案であれ――徹頭徹尾、**教材**の側に向けられている。では、教材の量の増加、生徒が「知らなければならない」事柄の増加は、どのようにして、獲得されるべき理解へと至るのだろうか？　改革者の熱意が要求するほど多くの時間的余裕と教材が歴史の授業に与えられるかもしれないが、歴史の授業はそのような十分な素材のなかで歴史的な生の諸力のわずかひとつさえも扱うことができず、結果として、求められている理解の条件となる量的な前提だけを満たすにとどまるかもしれない。後になって生徒が、個人的に探究活動を進めるなかで、過去と現在における歴史の形成物の表れに沈潜するほどの理解を得ようと望む時、歴史の授業は生徒の誰一人に対してもその手助けとなることはないだろう。歴史の授業が学習者に教材の面で与えることができるもの、それは見通しがたいほど幅広い教材の領域に関する初歩的な概観、ないしはとりあえずの方向づけ以上のものではない[原3]。しかし私たちがこの量的な困難さを度外視する場合でさえ、そのようなものとしての教材に向かう問題設定はすでにそれ自体誤りである。その問題設定は、「素朴なリアリズム」の意味において、歴史の認識は完了した所与の単なる受け取りないしは読み取りにすぎないとする考え方から出発しており、歴史の認識が創造的に**構成**する営みであることを誤認しているのである。この構成に責任を負う認識する精神の力、その生きた活動なしにはどのような教材も単に死せるガラクタの山になってしまう認識する精神の力こそ、特に呼び覚まされ発達させられなければならないものである。しかし、ある歴史の教材が、それが不分明な古代のものであれ分明な現代のものであれ、既成の知識として、概念へと仕上げられて提示されるならば、いかなる場合でも教育は、教育にとって重要なあの目標に**一歩たりとも**近づくことはない。なぜなら、そのような類いの歴史の教材に関しては、理解という活動、像形成の活動はすでに終わっているからであり、その場合学習者には、課題はおろか出来合の解答さえも与えられないのである(原4)。しかしながら、私たちが理解することを学ばなければならない現代は、私たちにとってそれほど単純なものではない。現代は私たちに、既成の概念ではなく、私たち自身が初めて把握すべき事実の素材を与える。つまり、歴史的な理解が訓練されるのは、精神が歴史の像の形成過程の、確定済みの結果を受け取るところにおいてではなく、ただ精神がこの過程を**その生成において自ら体験する**ところにおいてなのである。さてしかし、学習者がそれを用いて歴史の認識の構成的な基礎力を発達させ試すはずの教材は、どのように調達されなければならないのだろうか？　ここでもまた、教材自体をその時間的な規定や内容的な意味から、その価値やそれにふさわしい関心から捉えようとする者には、答えは与えられないままである。歴史的な教材は実際、この上なく高度な、争いえない価値をもちうるが、それにも関わらず——あるいはまさにそれゆえに——その最初の手探りでの試みの対象として未熟な精神に引き渡すには適していない。むしろこの問いにおいては、教材が生成の途上にある精神の未熟な力に対してどのように差し出されるのか、あるいはその素材が認識の根本形式に対して機能の面からみてどのように関わるのか、が重要となる。この教材選択の原理は、例えば数学や語学などの教科における教材決定においてはすでに長い間当然のこととして適用されているのと同じ程度に、歴史的思考への教育の過程においても慎重にかつ意識的に適用されなければならない。そう、発達する精神を注意深く、計画的に前方へと導くことが、数学や語学の授業にもまして歴史の授業では必要なのである。というのも、歴史的思考は、構成されることなしには決して目標に到達しない以上、監視されないまま放任されたならばすぐに野性化してしまうような要素を含むからである。そして、教材の知識が大量に不足しているのを埋め合わせることよりも、密かにはびこりながら深く根を下ろしてしまった、誤った思考の習慣を根絶することのほうが、どれほど難しいことだろうか。もっとも、歴史的な教材を確固たる**基準**に従って、それが認識に与える難易度に応じて序列化する試みは、これまで一度も行われていない。そして、なぜそれが行われないままなのかを確認することは、きわめて示唆に富む。難易度に従った序列化は、数学や自然科学や言語の授業においては客体の性質に従って自ずから出来上がるのだが、歴史的な対象については、複雑な思考の歩みを踏まえることでのみ可能となる。なぜなら、前で説明したような歴史的な概念形成の固有性のために、たいていの場合、認識の過程の困難さは意識されないからである(原5)。ここまで詳述してきたことはすべて、歴史の教材の選択基準を見出す試みの基礎となるはずである。その基準は例えば次のように定式化されるだろう。客体は、認識する精神が最初からただ厳密に方法的な意味で構成の活動を開始できるような仕方で選択されなければならない。(1)その選択が可能になるのは、理解されるべき歴史的客体がそこにおいて姿を現す個々の要素の**量**がそれほど多くなく、その結果、欠落のない完全な形で、理解の基礎として学習者に引き渡されることができる場合に限られる。(2)また、正確な知識の範囲内で構成の活動が開始されるのは、それぞれの段階にある学習者の解釈能力が客体の本質を十分把握できる手がかりとなるような**質**を、個々の要素が備えている場合に限られる。その場合にのみ、方法的な思慮深さのなかで構成が行われ、その構成はあいまいな意見へと転落することから守られ続けるのである。

さてしかし、どこで私たちは過去の本質をそのように**濃密**かつ**明確**に――先の基準が要求しているように――把握できるのだろうか？　文字は、私たちと過去との間をまったく独自の、比類のない形で結びつける。過去に存在した生がうつろいやすい運命の手に落ちる時、文字は、生成の流れのなかからこの生の内容に関わる何ごとかを取り上げ、過去に存在したものに永遠の持続性を与える。何千年にもわたる時を超えて、文字は、生成しつつあるものの精神と存在したものの精神を直接結びつける。文字が私たちに与えてくれるものには、とりわけ二重の側面がある。そのひとつは、思考に表現の手段を与えた言語であり、もうひとつはこの手段によって自らを表現した思考である。しかしこのふたつのなかで文字は、ほかならぬ歴史的な個人の本質の表明を私たちに与えてくれる。共同的な思考と感情の作品である言語のなかには、言語を創造する共同体の集合的な個性がその最奥の本質を目に見える形へと具体化し、民族の精神が姿を現している。しかし、文学作品のなかには、過去の個々人の精神がその内的な生を映し出し、可視化している。つまり、言語と文学作品のなかで、歴史上の個人自身がその本質を私たちのもとに運び、歴史上の個人が私たちの面前に現れるのである。私たちの精神を感動させるもの、それは実に過去の生なのである。けれども、私たち自身が過去の生**について**私たちに語る場合と、**この生自体が私たちに答える**場合とでは、どれほど異なっていることだろうか。前者の場合には、語り手の精神が私たちと過去の生を結びつけるが、その生は語り手が私たちに向けてあらかじめ考え、あらかじめ形作ったものである。私たちは語り手の眼差しや把握を通して過去を見ることになる。後者の場合には、見られた生を自ら創造的に解釈し、本質の自己証言を手がかりに本質自体へと迫っていかなければならない。そしてこの課題は、過去から遠く離れた個々の語り手による、大雑把で、込み入った、必ずしもつねに明確ではない抽象化を経由して初めて私たちがその本質に近づくことのできる前者の場合よりも、本質が私たちに集中的にその姿を現す後者の場合において、はるかに容易に、また実り豊かに達成されうるのである。

もちろん、言語と文学作品だけが、ある時代の精神がそこで持続性を獲得し後進世代の前に歩み出る唯一の形式というわけではない。例えば、言葉によらない芸術作品それ自体も疑いなく、その作品を生み出した創造精神を、劣ることなく印象的に伝える。しかしそのような作品は、歴史の認識にとってはきわめて扱いにくい客体である。なぜなら、その作品がこの〔歴史という〕方向に関して示す事柄は、実に難しい仕方で、認識のもつ概念的な手段によって把握される必要があるからである。創造者の本質を作品から認識するためには、感じられたことや見られたことを思考というまったく別の層へと、根本的に、また一つひとつさまざまに議論されるような形で、置き換えることが必要となる。造形芸術の作品から芸術家とその時代の本質や精神を解釈しなければならない時、まさに不安定な床の上を歩くかのような感覚にしばしば襲われるのは、理由のないことではない。ましてや音楽作品と向き合う時には、その試みは少なからず、無限なものへの空想的な耽溺に終わってしまう。これに対して、文学作品は、創造者が彼を満たしたものを自らそこですでに思考という概念的な形式にもたらし、言葉として表現しており、それによって客体を精神の領域――ほかならぬ概念や思考や言葉といった認識する者が用いる手段もそれに慣れ親しんでいる領域――へと高めるのである（原6）。

以上のことから、歴史的認識のどのような客体が、先に立てた〔過去の本質を把握するという〕要求をもっとも十分に満足させるのかについての結論が得られる。それは、高等学校が長い間そのもっとも価値ある所有物を正当にもそのなかに見てきたもの、すなわち**外国語の授業**の対象にほかならない。したがって、言語の授業は、すでにこれまでにも、その大きなあるいはわずかな成果に応じて、歴史的思考の訓練に寄与してきているのである。たいていの場合、言語の授業は、外国語や外国の文学作品を理解する際に歴史的認識の特殊な機能がどれほど強く、またどれほど生産的に関わっているのかが必ずしも容易に見て取れないというそれだけの理由から、正当に評価されていない(原7)。たいていの場合、この**思考形式**の訓練が現代という歴史的世界の理解――この理解はまさに同じ思考形式をある特に複雑な教材に応用したものにすぎないのだが――にとっても有益だと考えられることは、さらに少なかった。たいていの場合、このような考えといかにかけ離れていたか――このことは、現代の理解を呼び覚ますために外国語の授業を脇に押しやり、そこから得られる時間と労力を歴史的な現代の**教材**を詳しく扱うことに振り向けようとする人々の熱意が証明している。そのような人々は、教育にとって適切な客体を用いた思考機能の訓練――たとえそれがはるか遠く離れた過去の教材であれ、同じ種類の他のあらゆる客体や、さらには目下の現代の客体を扱う場合であれ――が目に見える効果をもたらすことを見過ごしているのである。あるいはまた、古代アテネの哲学的対話や古代ローマの私信を用いて解釈的理解の技術を方法的に厳密に訓練した者は、同じことを現代のイギリス首相の演説に対しても同様の思慮深さで行うであろうことを見逃しているのである。これは、初歩的な数学の課題に対する解答が、次第に難解になる課題を克服するなかで自らを高め、最後には天体の軌道を計算し巨大な橋を建設するのと同じ思考の訓練として、その直接的で疑問の余地のない価値をもつのと同じである。言語の授業には、さらに強く意識的に、より計画的に、その授業の対象を歴史的思考の訓練にとって実り豊かなものにするという課題が残されていると言えるかもしれない。

ここ(訳6)で考えられているのは言語の授業のどの部分なのか、明確に精緻に示されなければならない。この授業の目標設定は時としてある種の曖昧さをもつ。なぜならその授業は実際にはきわめてさまざまな精神的機能を関連づけつつ活動させるからである。その授業は、自然科学的に探究されるべき連関や、心理学的に解釈されるべき連関を考察する。その授業は、論理的思考を要求し訓練する。その授業は、美的な価値や倫理的な価値を伝達する。第一に、その授業が要求する純粋に論理的な思考は、ここで考えられている〔歴史的な〕精神の訓練の内容でも前提でもないように見えるかもしれない。そのような純粋に論理的な連関は、言語の授業の客体が示す個人的――精神的な形式とは関係しない。このようにみると、言語の授業が要求する精神活動は歴史をこえたものである。しかし第二に、ここで考えられているのは、いわゆる狭い意味での「言語史の授業」でもない。この授業は、言語をその特殊な固有の生の内容や連関や法則の観点から考察する。しかし私たちの観点からみれば、この授業では、この固有の生それ自体を究明することも、その固有の生から歴史的な個人の本質を、すなわちこの場合には言語を創造した民族の本質を理解することも、その固有の生のなかに一定の唯一の内面性の**表現**を認識することも、課題とはされない。例えば、一定の母音の連結の変遷や統語形式の発展を考察する者は、言語それ自体の範囲内にとどまり、それらの内容や発展と創造的な全体精神との関係は考慮されないままである。言語の授業では、この実に内容豊かな課題に、相応の価値がつねに与えられてきたわけではないと私には思われる。けれども言語は、それが現実の証拠をその概念のなかに集めて秩序づける仕方、それが現実の諸関係を統語的接続のなかに再現する仕方、それが実体のないものをイメージにおいて捉え具体化する仕方、それが一定の価値観を形成する仕方——これらのすべてにおいて言語は、すぐれて規定的で創造的な精神の構造が、もっとも明確かつ目に見える形で姿を現したものであることは明らかである。また、参照しうる数多くの表現からの帰納的推論を通して、それらの表現のなかに自らを映し出す精神へと迫る作業が、もっとも有益な探究のひとつであることは明らかである。もちろん、学校はしかるべき注意をこの課題に払ってこなかったが、学問が学校に認識と主導的概念に関わる十分な素材を必ずしもつねに提供してきていない以上、それは無理もないことである(原8)。実際、学校における活動のなかには、このような種類の言語研究に力を注ぎ、歴史感覚の深化に役立てる機会が十分にある。もちろんこれに関連してすぐにひとつのことが明らかになる。このような種類の言語研究にとって、**ドイツ語から外国語への翻訳**は不可欠の補助手段であり、当然の出発点である。というのも、その翻訳作業のなかで、外国語の表現の特殊性を概念において鋭く把握し、自らの言語の表現と区別するという課題が精神に強制されるからである。外国語から〔ドイツ語へ〕の翻訳作業のなかで〔精神が〕この強制を感じることははるかに少ない。なぜならドイツ語の表現は私たちにある程度自明のものとして、言い換えればこのような〔精神と言語表現との〕境界を意識しなくても済むような仕方で、与えられているからである。しかしながら、境界で隔てられた言語作品の特性を心理学的に、すなわち言語を創造した者の心性から解釈するためには、言語の形式がまさにこのように鋭く概念的に区別され対置される必要がある。もっとも今日では、同じドイツ語から〔外国語へ〕の翻訳であっても、ここで述べた課題に有益でないのみならずまさに対立するような種類のものも流行している。繰り返し現れるドイツ語の表現を外国語の同様にステレオタイプの表現に置き換えることが翻訳の課題とされるならば、そのような機械的な置き換えは、自らの言語の表現はすべて当然に別の言語のなかに合致する対応像をもつという考えを助長し、あらゆる言語作品がもつどこまでも個別的な性格は覆い隠されてしまう。そうではなく、現実は言語を創造する共同体の精神のなかに実にさまざまな仕方で自らを映し出していること、言語表現は外部から受けた印象に対する受動的な反応ではなく、与えられた事柄を創造的に構成し秩序づける営みであることが、明らかにならなければならない。しかしこのことが意識されるのは、まさに翻訳という課題を通して、母語の表現と外国語の表現の不一致を確認することが許されるのみならず、むしろ強制される場合に限られる。概念的にみると現代語にはるかに近い近代語よりもむしろ古典語のほうが、個々の言語に宿る精神の特殊性をはるかに明瞭に私たちに示すのであり、このことはしばしば、また正当にも、古典語のかけがえのない利点として取り上げられてきた[原9]。

　外国語の作家の講読を私たちが支持するならば、さらなる帰結が得られる。この種類の外国語の授業は、**歴史上の**作家を頻繁にその対象とするがゆえに、歴史的思考にとって有益であると期待できるのである。もっとも、私たちの説明がすべてこの結果に至るかのような誤解は防がなければならない。ペロポネソス戦争についての知識を得るために**トゥキュディデス**を読む者は、たとえ過去**について**語ることができるとしても、現代の歴史作品を研究する者と同じように受動的に、既成の教材を受け取るにすぎない。この点から見ると、認識の構成力には課題が与えられないままである。その構成力が活動し始めるのは、まったく別種の課題、すなわち提示されている描写を歴史的な個性の――この場合にはトゥキュディデスの――表現として理解するという課題に直面した時である。しかしこれは、その解決にとって、問われている文学作品の**内容**が歴史的なものかどうかがまったく副次的であるような課題である。この側面から見ると、哲学的ないしは芸術的な内容をもつ作品も、トゥキュディデスの作品が課したのと同様、まったく歴史的な問題を設定する。そのような問題に取り組むなかから、それに対応して変化した価値評価の観点が、つまり歴史的思考の育成という点で文学作品を評価する観点が、得られるのである。まず問われるべきは、内容それ自体が歴史的か否かではなく、ある人間やある時代の個性がそこに表れている仕方が、青少年の精神にふさわしい教育的な問題を課すのか否かである。このように問題を設定した場合、価値の物差しがどれほど大きく位置を変えるのかを、例で示してみよう。**クセノフォン**の『ヘレニカ〔ギリシャ史〕』や**リヴィウス**の『ローマ建国史』といった歴史作品は、生徒の歴史的思考にとって価値ある課題をわずかにしか立てない。なぜなら、その作品のなかにはその作品を生み出した人物の姿が教材の背後にかなりの程度消えてしまっており、その作品からは著者の精神の本質へのより深い眼差しはまれにしか生じないからである。これに対して、本来は非歴史的な内容である**プラトン**の対話篇は――それ意外の意義をすべて度外視するとして——歴史的思考の訓練にとってより大きな価値をもつ。なぜならその対話篇のなかではすべての言葉に、比類のない力と固有性を備えた人物が——ヴェールを通して印象深い顔の輪郭がほのかに見えるように、目前の文章を通して思慮深い読者が絶え間なく、言葉から本質に迫っていると繰り返し感じるような仕方で——説得的に表れているからである。すなわち、きわめて矛盾するように響くとしても、時として歴史的理解は、純粋に歴史的な作品よりも非歴史的な作品を手がかりとして、より効果的に訓練されるのである。当然ながら、このように考えるならば、作家の選択にとっての基準のみならず、作家の扱いにとっての基準も得られる。これに関しては、まったく異なる二つの課題がある。ひとつは、ある文学作品の思考内容をそれ自体で、論理的に、あるいは内容に即して理解し、倫理的ないしは美的に評価することであり、もうひとつは、その思考内容を人物の、すなわち作家の精神生活に関連づけることである。私が思うには、この第二の課題は最初の課題に比べてはるかに軽視されている。あるいは、その課題は文学史の知識を伝達することで解決されると考えられている。

　ここまでの詳述の後では、もうひとつ別の誤解はまったく恐るるに足らない。「古代の精神」を蘇らせるべく、事実の連関——とりわけ多用されるのは「**古代の文化**」——がしばしば古典語の授業の対象とされてきた。私見によれば、この教科の真の教育的価値はこれ以上ないほど誤認されてきたといってよい。古典語の授業でも、既成の教材がお膳立てされた形で提示され、純粋に記憶力に応じて習得されているのである。さらに、本質的で内容的な価値が大部分期待できないような教材がこれに加わる。この大部分まったく表面的な物事によって生徒たちの頭は幾重にも苦しめられるのだが、実際にはそれらは古代の「精神」とまったく、あるいはせいぜいごくわずかにしか関係しないのである。

歴史的な自己批判への教育

歴史の授業が、前で挙げた基準に従って選択された客体を、例えば数学の授業がその対象についてなしうるのと同じように、容易なものから難解なものへと進む計画的な展開のなかで誤りなく並べることができるならば、どのような教育的要求にも矛盾しないような、歴史的認識の育成を目指した教育課程が確立されるかもしれない。けれども、その教育課程の進路を、取り除くことのできない障害が遮ることになる。生の要求と思考の形式との矛盾がそれである。この矛盾は、現代の歴史的諸力の内部で生きる私たちの歩みを貫いているのだが、**歴史教育の二律背反**という形で授業の領域にも現れるのである。授業が下から上に積み上げる形で一歩ずつ生徒を歴史的理解の技術へと導こうとするのに対し、同時に生は、精神的に未熟な同じ生徒の精神に対して、早速に歴史的諸力――その〔歴史的諸力の〕生は生徒をあらゆる側面から取り巻き、包み込み、担っている――をともかくも理解させるよう授業に要求する。つまり授業は生徒に、下から上へと徐々に難易度を高めながら、民族や歴史的集団や諸力について語らなければならないのだが、それらのもつ生の力は生徒たちのなかにもすでに働いているため、生徒は次のような中途半端な概念を身につけてしまうことになる。すなわち、下級学年(訳7)ではその概念を捉えるための基礎がほとんどないも同然であり、学年が上がるにつれてたしかにゆっくりと習得されはするものの、しかしもちろん卒業する段階になっても十分には習得されないような概念を、身につけることになるのである(原10)。生の要求はこのような形で、授業の過程に妨害的に、しかし不可避的に介入し、授業の構成のいわば基礎工事を行うと同時に落成させるよう強いる(原11)。歴史全体の発展についての概観を与えなければならない歴史の授業はとりわけ、生徒の歴史的思考の育成がそこに到達せず、また決して到達できない歴史の抽象化という高みへと、授業での説明を通して上っていく必要性の圧力に悩まされる。歴史教育に内在するこのような分裂はひとつの危険を生む。それが脅威であればあるほど、歴史的な概念形成の固有性によってますます覆い隠されてしまうような危険である。歴史教育の改革の提案に見られるきわめてユートピア的な要求と希望は、教育の他のすべての領域においては、対象の性質ゆえに排除されている。この要求を追い求めることによって、歴史の授業は重大な誘惑に陥る。すなわち、まったく不十分な内容を覆い隠すような概念を自信満々に操るべく生徒を習慣づける、という誘惑である。歴史の授業において幾重にも訓練された方法は、この危険を助長するのに好適であるにすぎない。さまざまな方法上の手管を用いることで、あの歴史的抽象化のより高度な層の内部で自律的に結論を「発見する」よう生徒を導くことができると考える者は、悪意のない自己欺瞞に身を委ねているだけでなく、自由な連想によって事実の知識の欠如を覆い隠そうとする、思考の根深い衝動に養分を与えてもいるのである(原12)。

このような仕方で授業が行われるならば、歴史的に思考する上での注意深い規律の獲得を可能にするもののすべてが、再び破壊されてしまう。授業は、それと知ることも望むこともないままに、生を認識する力を誤って導くだけでなく生の基礎自体をも揺るがすような働きをもつ、思考の習慣を促すことになる。それゆえ歴史の授業は、そのような習慣の形成に加担することなく、計画的に戦うことを、その第二の、いわば**予防的な主要課題**としなければならない。もちろんそれは、完遂されることのない責務のように見える。それは、目の悪い者に、まさにその目の悪さが見えにくくしているものを見るよう仕向ける場合に似ている。しかし、ある種の歴史的概念がその下に覆い隠している内容の貧しさは、自らがこれまでにたどってきた理解の段階を、成熟した思考の高みから振り返って見る者に初めて明らかになるのがつねである。したがって、右に挙げた課題が認識される客体の側で解決されない以上、その客体を認識する主体の側でその課題に取り組む以外にない。こうして、生と教育の経験を踏まえた私たちの考えはすべて、次の結論に至る。すなわち、生徒の精神的成熟がそれを可能にするようになるやいなや、生徒の目は歴史の像を創り出す思考過程に向けて、さらにはその思考過程の規則にかなった経過や、またそのありうべき不十分さと誤りに向けて、開かれなければならない、という結論である。生徒には、歴史的な思考の過程を自ら歩む手段とともに、それを批判する武器も与えられなければならない。歴史教育のこの部分がどのような目標と内容をもつのかは、これまでの詳述によってすでに示されている。なお検討されなければならないのは、その教育上の形式である。以下の一連の文章がその主な経由地を表すような思考の歩みをたどることは、より成熟した生徒にとって、容易ではないかもしれないが不可能ではない。——私たちが歴史と呼ぶ現象の全体は、過去に地上で生じた生の現実の全体に対してどのような関係にあるのだろうか？　歴史と呼ばれる現象の全体は、無理のある一面性をもつ人間の思考がこの生の現実の全体から取り出した断片である。生の現実がもつ、見通せないほど多様な姿をとるこの部分を、人間の思考はどのように把握し、見渡すことができるのだろうか？　歴史の現象の全体から、特徴的で本質的な要素を選択することによってである。では、私たちが歴史的な生を把握するための概念はどのようにして生じるのだろうか？　所与の生の現実をさらに単純化する、という二重の過程によってである。では、この概念は現実に対してどのような関係にあるのだろうか？　その概念は現実と完全に対応するわけではない。その概念は現実の機械的な模写ではなくひとつの構成物であり、それによって認識は生の混沌を秩序づけ、整理するのである。このような選択的な構成を行うことが可能であり、また許されているのは誰だろうか？　整理されるべき現象の全体を見渡せる者である。それ以外の観察者は問われている歴史的客体とどのように向き合うのだろうか？　不十分な直観的教材によって、全体を見渡せる者の案内の助けを借りて、である。

もちろん、授業の実践は一定の個別事例から始めてよい。例えば、私たちの生きる現代を未来の時点で書きとめたその歴史的な描写が何を含むであろうかを、ともかく生徒にイメージさせ、また何らかの仕方でイメージされたその内容を、私たちが体験しているこの現代と比較させるとしよう。生徒は、その描写の内容の全体を把握できないことに気づくだろう。なぜなら、そのような描写のなかで再現することが望まれる営みは無限にあり、またそもそもどのような伝承もこの全体を確認し記録することはできないからである。すなわち、歴史の記憶は**体験されたた現実の一部**だけを保存するのである。どの部分を保存するのかが問われることはほとんどない。しかし、ある特に詳しい描写を想定するとして、その描写は、例えば純粋に政治的な事実の全体を含むのだろうか？　この問いに肯定的に答えることができるとすれば、ある選挙での匿名の投票や、ある匿名のジャーナリストの論説や、下級の役人の失敗もまた重要な政治的影響を引き起こすかもしれない原因に部分的に加担している様子を明らかにすることになる。つまり、政治的行為の全体もまた記録することはできないのである。歴史はそのような政治的行為の何を記録するのだろうか？　この無数の部分的な行為の目に見える偉大な成果を記録するのである。けれども、その結果だけを説明しようとする描写がまったく見えなくしてしまうものは何だろうか？　歴史の英雄と全体を動かしてきた内的な動機である。つまり、精神的なものがこの行為の出発点に置かれなければならないのである。精神的なものはどのような手段によって、またどの程度確実に究明できるのかを生徒が自ら確認できるようになるのは、生徒が、自ら日常的にその仲間との関わりのなかで行う手続きを、先に示した仕方で分析するよう指導される場合である。さてここで、個人の内面のみならず、共同体、党派、そして民族の本質が確認されなければならない！　そこから得られる洞察は、過去が歴史的に認識される時の概念を分析するための基礎となる。例えば、「中世における教会と国家の争い」というテーマでの話し合いの最後に、「そもそも教会とは何か？」「国家とは何か？」という問いが投げかけられるとしよう（生徒はすでに長い間、この二つの言葉に慣れ親しんでおり、まったく自明の現実の事物を名指すものとして思い浮かべる）。それは人々の、指導的人物の、制度や法律の集まりだろうか？　それらの語は現象の全体を名指しており、私たちはそこに、個々人を超えた、互いに並び合い重なり合いながら広がる、生きた**統一**を把握する。この統一は生のどこでどのように存在し、作用しているのだろうか？　互いに関わり合いながら生きている無数の個人において、である。しかしこの統一はどのようにしてそれら個人の内面に現れるのだろうか？　それ以外の生の内容とさまざまに絡み合いながらである。歴史的な見方はそれ以外の生の内容に対してどのような態度をとるのだろうか？　その概念に属さないものとして無視する。「ドイツ国家」「カトリック教会」などの概念は、この概念に属する生の事象のすべてを含むのだろうか？　いや、**選択**されたものだけである。この選択は何を取り上げるのだろうか？　特徴的なもの、価値のあるもの、**本質的なもの**を、である。この選択を脅かすのはどのような誤りだろうか？　性急な一般化、主観的な評価、本質的なものの見過ごしである。そのような誤りからもっとも遠いところにいるのは誰だろうか？　問われている現象の全体を見渡せる専門家である。そのような誤りを避けることができない者は誰だろうか？　一部分だけしか知らない者である。では、あの全体を見渡せる者とこの一部分しか知らない者が同じ「国家」「教会」という語で名指している像は、内容的にみてどのような相互関係にあるのだろうか？

以上の例によって、歴史的認識がそれを用いて歴史的生の**共同体**を把握しようと試みる〔第一の〕概念のグループが明らかになる。第二のグループをなすのは、歴史の**時期**をその精神的な内容によってまとめるような概念である。例えば、「ルネサンス」という概念の内容は何だろうか？　この現象が属する一時代だろうか？　この現象に関わった、その時代に生きていた人々の全体だろうか？　いや、そうではなく、それ自体で互いに関連し合い、**統一**あるものとして理解された、精神運動である。この〔ルネサンスという〕概念は、それに属する精神的な事象や作用のすべてを含むのだろうか？　いや、伝承には制限があり、また人間の理解力にも必然的に限界があるため、除外されるものがあるだろう。すなわちここでも概念は、本質的な要素の選択を通してその内容を獲得するのである。この要素は概念を考える者すべてに同一なのだろうか？　概念は〔もっとも広い意味での〕文化史研究者にとって、政治史研究者にとって、芸術史研究者にとって、どのような内容をそのうちに含むのだろうか？　おそらく最初の〔文化史研究〕者はもっぱら、人間における新しい世界感覚や生の感覚の出現を、第二の〔政治史研究〕者は新しい国家観や新しい貴族の理想や新しい政治的教養の生成を、第三の〔芸術史研究〕者は新しい芸術的形態の興隆を、考えるだろう。さらにそれぞれのイメージの仕方の内部に限っても、特殊な関心の範囲や方向性に規定されて、本質的なものがさまざまに異なるレベルで選択されるのだと考えることができる。このように見ると、そのような〔歴史的な〕概念は、例えば「三角形」や「立方体」といった数学的概念に典型的な明確な一義性からどれほどかけ離れていることだろうか！　「ルネサンス」という名称がどのようなイメージを含むのかについて生徒に釈明しようとする者は、**語**という形で自らがもっている枠組みがどれほど内容に乏しいのかを告白せざるをえない。

歴史的概念の第三のグループは、例えば「古代のローマ人」「中世の人々」「近代ヨーロッパ人」について何ごとかを語るような文章を、直観させてくれるものである。このような文章の主語によって、何が考えられているのだろうか？ 第一のグループに見られる生や行為において統一された共同体でも、第二のグループに見られる精神運動でもなく、まさに歴史のある範囲や時期に生きた個々の人間である。しかしまた、「この人」「あの人」と特定して名指すことのできる人物ではなく、その時代に属する無数の人々の、想定された代表者である。思考はこの個々の人々をどのように規定するのだろうか？ 思考が当時生きていた人の多数ないしは平均として前提にする人である。私たちはそのような人を**典型的**と名づける。どのような特徴がこの意味で典型的と見なされてよいかを決定できるのは誰だろうか？ 当時実際に生きていた人の多くについて可能な限り包括的な知識をもつ者のみである。では、そのような〔包括的な知識をもつ〕者によって規定された典型的な人は現実とどのように関係するのだろうか？ そのような〔包括的な知識をもつ〕者は取捨選択を通して現実を単純化し図式化しなければならない。すなわち、その作業を通して代表された現実の内容に関して、まったく粗く機械的なイメージを思い浮かべることがないようにするためには、歴史的思考はつねに次のような意識をもって典型を形成しなければならない。すなわち、その典型は、限りなく豊かな生を認識という目的のために単純化したものにすぎない、という意識である。

この考察が妥当なものであるとすれば、学習者の目前には次のような段階が存在している。⑴現実の生。⑵現実の生を切り取った断片。これは歴史的生と呼ばれる。⑶その断片のなかから選択されたもの。これは歴史的知識と呼ばれる。⑷歴史的知識の一部分。学習者が習得するのはこの知識である。学習者は認識するだろう。ひとつの段階から次の段階への移行はどれも現実の単純化を、突き詰めていえば歪曲を意味していることを。そしてまた、第四の段階にまで進む者にとって、世界の出来事の連関を描く数多くの概念は、具体的で歴史的な直観による補完を必要とする、まったく不十分な基礎にもとづいて形成されていることを。さらにまた、この第四の段階で学習者が習得するものは出来合の形式にすぎず、後になって行う探究活動が初めて十分な内容をそれに与えることができるのだということを。さらに、〔抽象的な〕概念を用いて現代を理解しようと試みる者が、学習者と第一の段階との直接の関係をどのように考えているのか、に光が当てられるならば、認識される客体と認識する主体の間の甚だしい不釣り合いが学習者に暴露されるだろう。その時には、この不釣り合いが人間と人間の集団との相互の関わりにどれほど深い影響をもたらすのかが、現代における生の周知の経験に即して容易に説明されるだろう。

例えば、「ロシア民族」という概念が自らにとってどのような内容をもつのか、と問われた生徒は、その内容の乏しさを自ら認めざるをえないことに気づき、場合によってはさらに、すぐに思い浮かべるあれこれの特徴がどれほど偶然のものにすぎないか、ということも思い出すだろう。例えば、何年もロシアを旅している人にとって、その概念はどのような内容をもつのだろうか？　この概念の内容は現実とどのように関係するのだろうか？　この概念は現実にかなり近い。けれども、賢明な専門家の概念でさえ、生の豊かさを覆い尽くすことはできない。そのような包括的な概念は、現実をある程度単純化することなしには成り立たない。どのような性格が認識の像に合致するのだろうか？　「典型的」な性格である。観察する素材が少なければ少ないほど、観察者はどのような危険に脅かされるのだろうか？　**性急な一般化**という危険である。この筆舌に尽くしがたい破滅的な悪が、巨大な歴史的集団の行動を共同決定する像をどれほど歪めるのか、現代はそれをこの上ない規模で教えてくれている。

学習者は歴史的認識の応用のみならず批判へも導かれなければならないという考えに対しては、異論が向けられるだろう。その異論の基本的な方向性は容易に見通すことができる。次のような意見が出るだろう。ひとつの抽象化の手続きの悪化を、別のより高度な抽象という治療薬で撲滅しようとするのは矛盾している、と。また、歴史的認識の批判へと導くことによって、生徒の思考はあまりにも早く、自然にかなった思考の発達の過程を無視するような問題設定へと向けられてしまう、と。最後には次のような意見が出るだろう。そもそも生を観察できると考える素朴な無邪気さは早々に打ち破られるだろう、と。これらの意見は次のように論駁できる。歴史の抽象化が危険である理由は、それが具体的な生の豊かさに対して距離を取りすぎている点にある。その豊かな生のうち認識する精神が把捉できるのはごく一部にすぎない。認識する精神が支持する認識論的な反省の確実性は、先のような疑念を前に揺らぐことはない。本稿が支持する認識論的な反省の確実性は、先のような疑念を前に揺らぐことはない。認識する精神は、抽象化すべき素材を、そもそも歴史的な思考の過程を自ら歩んできた精神のなかに見出すのである。このような見方へと生徒を導くことは生徒の精神的発達に先回りしすぎていると主張する者は、次のことを見過ごしている。認識する精神に要求を突きつける生は、生徒の発達にはるかに容赦なく先回りしていることを。また、教育の課題は、そのようにして生じる〔現実の生と生徒の発達との〕不釣り合い――それが生じることを教育は防ぐことができない――の有害な影響を、少なくとも可能な限り早く取り除くことに限られるのだということを。しかしこの期に及んでもなお、そのような形で養成された自己批判の精神は、若者の精神がもつ無邪気で楽天的な自信を萎えさせてしまう、と反論する者がいるが、そうした者には今日の生の経験が答えを与えてくれるだろう。すなわち、決して自信を失うことのないお手軽で表面的な思考以上に、あるいはすべての理解やあらゆる場面での判断をこの上なく貧弱な知識の断片で正当化できると信じている表面的な思考以上に、日常的に広まっている思考があるだろうか？

　自らの思考が本質を把握することができない時に専門家に意見を求める良心に満ちた謙虚さ以上に、あるいは事実が私たちの概念に合わせるのではなく私たちの概念が事実に合わせなければならないのだということを決して忘れることのない、生の現実に対する尊敬以上に、見つけ出すことが難しくなっているものがあるだろうか？　実際、ますます消えつつある認識と誤認との間の境界線を一般の人々の意識に再び見えるようにすることを目標とする教育は、学校に貢献するのみならず、生にも貢献するのである。外交や内政の問題、社会的、経済的な生の問題、文化や世界観の問題において人々や党派や集団を引き裂く、しぶとく生き長らえる誤解が、自らをまさしく歴史的な理解だと誤認する妄想にどれほど多く由来することか――このことをいったん認識した以上、この思考の誤りと戦うことが重要である。しかも説教によってではなく――というのは、説教はたいてい目に見える影響しかもたらさないから――悪の最終的な根拠を究明することによって。しかしこれが可能になるのは、無反省に始められた教育の過程を批判的思考の光で照らし出し、それを通して獲得された自己認識を生の実践に導き入れようとする道徳的な意志を呼び覚ます場合に限られるのである。

原注1　ここで問題となっているのは心理学的な帰納ではなく構造論的な分析である。このことは、前書きで挙げた拙著〔『認識と生』一九二三年、および『個人と共同体』一九二四年〕のなかで示している。

原注2　これについては、トレルチ「キリスト教の本質とは何か」(Ernst Troeltsch : Was heisst Wesen des Christentums? In : Gesammelte Schriften, Bd.II) を参照。この論考は、多くの歴史理解が今なお歴史的現実の「客観的な」模写と見なしている諸概念について、きわめて啓発的な分析を行っている。拙著『科学、教育、世界観』(Th. Litt : Wissenschaft, Bildung, Weltanschauung. Leipzig 1928)、およびそこで挙げている文献も参照のこと。

原注3　この点について補論一「歴史の授業と言語の授業」では別の観点から論じている。

原注4　これと同じ方向を目指して、現代の作者による歴史的作品の講読が行われており、多くの人が推奨しているが、私はここで述べた理由からその成果を約束することができない。その講読は多くの有意義な精神の欲求を満足させるかもしれないが、歴史的な思考の育成という観点から見る限り、加工済みの教材を、認識の生産的な力を駆動させることなく何度も繰り返し与えるだけである。この点についても補論一「歴史の授業と言語の授業」を参照されたい。

原注5　改革を推進する者のなかには、この上なく複雑に入り組んだ歴史的現象こそ歴史的思考を発達させる手段にふさわしいと見なす者もいるが、それは本論で述べたように考えることでのみ説明できる。これについてひとつだけ例を挙げよう。歴史的な人物の特定の行為を生徒に理解させることができる、すなわちその人物の動機へと遡らせることができる、という考えが幾度とな

く表明されている。ある具体的な個別事例に限定するならば、その課題を解決することは一見するとそれほど難しいようには見えないのだが、実際にはその基礎として次のような要素が必要となる。⑴問われている行為に影響を与えた全体の状況についての知識。――もっとも、伝承を手がかりにその状況を確認できることが条件となる。⑵参照しうるあらゆる表れから得られる、問われている人物の本質についての知識。⑶事象の全体を織り込んだ、時間全体を動かすイメージの世界と感覚の世界についての知識。これらの要素を総合することで、問われている行為を仮説的に理解することが可能となる。これらの要素が一部でも欠けていると、理解の試みは際限のない空想へと転落してしまう。

「文化科」の旗印のもと、さらに著しく行き過ぎた実践が現れている。これに対する批判については、拙著『教育学の可能性と限界』(Th. Litt: Möglichkeiten und Grenzen der Pädagogik. Leipzig 1926, S.132.) を参照されたい。

原注6　文献学を「認識された事柄を再認識する営み」と特徴づけるとすれば、それによって認識される客体と認識する主体の近さが幸運な形で示されている。カウアー「文献学の世界観」(Paul Cauer : Über philologische Weltanschauung. In : Aus Beruf und Leben. Berlin 1912. S.13.) を参照。

原注7　これについては補論一「歴史の授業と言語の授業」で詳しく説明している。――ここで述べていることは、ある程度まで母語とその作品の関係にも当てはまる。ただそこには、未知の言語形式と思考形式にこれから馴れ親しんでいくという、まさに「理解」にとって有意義な要素が欠けている。

原注8　このことをスクッチは『現代の文化』第Ⅰ部第8節「ラテン語」(Franz Skutsch : Die lateinische Sprache. In : Die Kultur der Gegenwart. Die griechische und lateinische Literatur und Sprache. Berlin, Leipzig (1905), S. 412-451.) のなかで見事に証明している。最近では「文化科」の動きが、外国語の授業がもつこの側面により多くの注意を払っている。もっとも、原注5で言及した行き過ぎに陥ることを回避できているわけではない。

原注9　さらに言えば、外国語の授業で課される課題の事例も、古典語から取られている。この理由のひとつには、古典語の場合、著者は自らの知識をもとに物事を判断しているという事情がある。――これについては補論二「理解の技術について」も参照。

原注10　「ドイツ民族」のような、明らかに不可欠の概念は、当初はある程度自明なものとして発達途上の精神に手渡される。ある時点からは、その概念に含まれる内容は〔実際には〕多様な形で結びついた要素が織りなす無数の問題であることが、成熟した思考から見ると身近に推察できるようになる。

原注11　数学の授業もまた、例えば一次方程式を指導すると同時に微分法の解答の出し方を実演して見せなければならないような場合には、これと同じ立場に置かれるかもしれない。数学の授業では認識の対象の性質によって除外され、内的な欲求によって自ずから理解されることもないものが、歴史の授業では歴史的な概念形成の特殊性によって可能にされ、生の要求によって強制されるのである。

原注12　「労作教授」の思想を狂信する者の多くは、私が思うには、この点からみて重大な過ちをお

かしている。例えば、バロックの「本質的形態」からドイツ人の「心性の構造」に至るまで——すべてが「作業を通じて学べる」わけではないのだ！

訳注1　本論文は、Theodor Litt: Das historische Verstehen der Gegenwart. In: ders.: Geschichte und Leben. Probleme und Ziele kulturwissenschaftlicher Bildung. 3. verbesserte Auflage. Leipzig und Berlin (B. G. Teubner) 1930, S.1-37 を訳出したものである。本論文が収められている『歴史と生』の初版は、第一次世界大戦終結の年である一九一八年に、第二版は一九二五年に、第三版は一九三〇年に、それぞれ刊行されている。初版の副題は「歴史の授業と言語の授業をめぐる教育課題について」であるが、第二版以降は「文化学的な教育の課題と目標」に改められている。また、初版では全体としてより理論的、方法論的な内容が多く盛り込まれていたのに対し、第二版以降はより実践的、教育学的な性格が強まっている。リットが第二版の「まえがき」で述べているところによれば、その大きな理由は、別著『認識と生』(一九二三年)および『個人と共同体』(一九二四年)において歴史哲学や哲学的社会学をめぐる方法論的な考察が深められたため、本書の当該箇所が削除ないしは差し替えられたことによる。本論文に関しては、主題目や各節の標題は初版では次のとおりであった(第二版以降は本書に訳出したものへと変更されている)。

「歴史の理解」　一　歴史の概念　二　偽りの歴史の概念　三　歴史を把握するた

めの教育　四　歴史的な自己批判への教育

本論文の内容に関しては、第二版では第一節が大幅に書き換えられ、第二節も三分の一近くの分量が改稿されている。第三節、第四節にはほとんど手が加えられていない。第二版と第三版では、細かな文章表現上の書き換えが各所に施されている以外は、標題、内容ともに同じである。

なお、初版には補論として「歴史の授業と言語の授業」が収められ、第二版以降では「理解の技術について」が追加されている。「歴史の授業と言語の授業」では、その二種類の授業がともに生徒の知識獲得ではなく認識育成を目的とする点で共通していること、歴史の授業は歴史認識を内容面で育成する（生の個別事例から歴史の全体像を構成する作用を訓練する）のに対して、言語（古典語）の授業は歴史認識を形式面で育成する（ある歴史的な状況に置かれた著者の思考とそれが言語的、文化共同体的に表現される過程を追構成する）ものであり、両者は相互補完的関係にあることが説かれている。また、「理解の技術について」では、道徳性の育成よりもむしろ思考の育成こそが同時代の重要な教育課題であり、理解する者と理解の対象との間の距離、とりわけ外国語（古典語）との間の距離によって、理解する者の思考や感情が拡大され、生の再認識と再構成が可能になると説かれている。

訳注2　本論文（ならびに本書に訳出した他の論文）では、ほとんどの場合、ドイツ語の「生」という生硬で抽象的な訳語をあてている。英語では life に相当し、「生命」「生活」「人生」「生涯」などの含意をもつ語である。

訳注3 第二帝政末期からワイマール共和国成立にかけての時期、ドイツでは、ドイツ的な精神文化を中心として国家の再建を図るべきとする気運が支配的となり、その重要な役割が学校教育、なかでも歴史教育に期待された。

訳注4 ニーチェ『反時代的考察』第二篇「生に対する歴史の功罪」のなかの一節。

訳注5 ここでは四年制の基礎学校に接続する九年制の中等教育学校（そのなかでも特に上級の六学年）を指す。第二帝政期以降、ドイツには中等教育学校として、古典文化の教授に重点を置く「ギムナジウム」、現代西欧文化の教授に重点を置く「実科ギムナジウム」、自然科学の教授に重点を置く「高等実科学校」が存在した。この伝統的な三形態に加えて、ワイマール期には新たな中等教育学校として、ドイツ文化の教授に重点を置く「ドイツ高等学校」が新設された。いずれの学校種においても、週の授業時数の約三分の一は、ドイツ的な精神文化を教授する「文化科」関連教科としての哲学、宗教、歴史、地理、ドイツ語に当てられた。本論文においてリットがもっぱら念頭に置いているのは、ギムナジウムにおける歴史教育ならびに言語（古典語）教育である。また、ワイマール期の教育改革の一環として、H・ガウディヒ（Hugo Gaudig, 1860-1923）らの構想にもとづいて、授業に労働や作業の要素を盛り込み生徒の自己活動を促す「労作教授」という方法原理が導入されたが、リットは生徒の認識を育成するには不十分な方法であるとしてこれに反対した（リットによる原注12も参照）。

訳注6 凡例にも記したとおり、本書のここから一七二ページまで、および一七六〜一八〇ページ、一八二ページの三箇所の文章は、原著のいずれの版においてもひとまわり小さな文字で印刷され

ている。そのうち、ここから一七二ページまでは、歴史的思考の育成に有用な言語の教育について補足的に述べられている。また第二、第三の箇所では、歴史的な自己批判の能力を育成する上で理解しておくべき、歴史的な現実と概念との関係が述べられている。

訳注7　九年制ギムナジウムの下級の三学年を指す。

解説

序文」でも述べたとおり、本書に訳出したのは、ドイツの哲学者・教育学者テオドール・リットの次の三編の論文である。

- Das Selbstverständnis des gegenwärtigen Zeitalters. In : Theodor Litt : Wissenschaft und Menschenbildung im Lichte des West-Ost-Gegensatzes. Heidelberg (Quelle & Meyer) 1958, S. 1-37.
- Die wissenschaftliche Hochschule in der Zeitenwende. In : Ibid., S.114-156.
- Das historische Verstehen der Gegenwart. In: Theodor Litt : Geschichte und Leben. Probleme und Ziele kulturwissenschaftlicher Bildung. 3. verbesserte Auflage. Leipzig und Berlin (B. G. Teubner) 1930, S.1-37.

第一論文「現代という時代の自己理解」は、最初"Aus Politik und Zeitgeschichte" - die Beilage zur Wochenzeitung "Das Parlament". 1957, S.57-66 に発表され、同年、Albert Hunold (hrsg.) : Masse und Demokratie. Erlenbach-Zurich u. Stuttgart (Eugen Rentsch) 1957. 149-188 にも収録された。第二論文「時代の転換期における大学」は、Richard Schwarz (Hrsg.) : Universität und moderne Welt. Ein internationales Symposion. Berlin (de Gruyter) 1962, S.52-94 にも再録されている。第三論文「現代を歴史的に理解する」は、訳注1（188ページ）にも記したとおり、最初『歴史と生』初版（一九一八年）に発表された。その後、第二版（一九二五年）では大幅に改稿され、さらに軽微な書き換えを経て第三版（一九三〇年）に収録されている。

最初の二編の論文が収められている論文集『東西対立の光に照らした科学と人間陶冶』や、没年に刊行された『自由と生の秩序―民主主義の哲学と教育学について』(Freiheit und Lebensordnung. Zur Philosophie und Pädagogik der Demokratie. Heidelberg (Quelle & Meyer) 1962) など、リットはその晩年に、冷戦という同時代の政治状況を踏まえた人間陶冶論を相次いで発表している。その背景について、ライプツィヒ大学のリット研究者P・グートヤール＝レーザーは、個人史的背景と研究方法論上の理由を挙げている (Peter Gutjahr-Löser : Theodor Litt und der West-Ost Gegensatz. In : ders. u.a. (Hrsg.) : Theodor Litt und die Politische Bildung der Gegenwart. München (Olzog) 1981, S.141f.)。まず個人史的背景について見ると、周知のとおりリットは一九三七年、ナチスに反対してライプツィヒ大学の教授職を辞し、戦後すぐに復職するも、ソビエトの全体主義的な大学政策は学問研究の自由を掲げるリットの思想と相容れず、結局一九四七年、ボン大学に移ることになった。この経験は、リットにとって、共産主義の思想と原理を根本的に問い直す契機となった。他方、研究方法論上の理由とは、リット固有の弁証法的思考に関わるものである。明確な概念区分にもとづくより高次の精神科学の追究にとって、二項の対置のなかから新しい結論を導き出す弁証法は好適の方法であり、そのことが自ずからリットを、対立しあう東西の政治原理の探究へと向かわせることになったという。

第一論文「現代という時代の自己理解」においてリットはまず、自己理解の努力を要請する現代の困難な問題の起源を、近代における「人間と生の秩序の二項対立」の出現に求める。生の秩序とは、国家や法の秩序、労働分業の機構などを指し、「事物 Sache」とも言い換えることができる。生の秩序や事物は人間の意志が産み出したものであるにも関わらず、人間の自由な生を脅かすものとして作用する。ところが、啓蒙主義のなかに潜む楽観主義は、人間のなかに普遍的な理性を想定し、理性によって完全性の実現（＝歴史の完結）へと向かう直線的な進歩の過程として歴史を捉える歴史哲学を展開することで、人間の意志と事物との間の矛盾は克服できると考えた。

そして、リットの見るところ、この啓蒙主義の進歩の哲学に立脚して自己を展開しているのが他ならぬ共産主義である。共産主義は、①完成をもたらす未来に向かう歩みとしての自己理解、②超歴史的な最終状態への移行の確実性、③自らの発展の起源や過程や目標を人間に解き明かす超歴史的思考、などの特徴を啓蒙主義と共有している。そして、その教義を通して人々に満足と幸福を与えることで、人々からの支持を獲得している。

もっとも、リットによれば、理性(Ratio)は、数学的自然科学と技術の領域に典型的に見られる首尾一貫性をもとにすべてを合理化(Rationalisierung)しようとし、その結果、人間自身をモノや歯車として扱い、脱人格化する結果となる。にもかかわらず、共産主義においては、進歩的な歴史観のもと、人格としての人間、技術としての労働、生の秩序としての国家は相互に完全に一致するものと見なされ、反対意見は暴力的に抑圧されるのである。この点にリットは、「普遍的な進歩の理論と普遍的な人間隷属の実践」(111ページ)との共通点を見て取る。

他方、西側世界においては、国家や社会のあり方をめぐる意見の多様性がもたらす不確実性や、人間を機械化する労働機構への批判が高まっている。西側の政治原理は人々に満足や幸福を与えることができない。ただし、リットによれば、その困難は近代の人間に固有の二律背反なのであり、回避したり克服したりすることのできないものである。人間は歴史をこえた立場に立つことはできず、また、人間と生の秩序との相互関係が織りなす歴史は、進歩や調和よりも矛盾と緊張をもたらすものである。この二律背反を誠実に見据える自己理解こそ、現代を生きる私たちに求められているものである。

第二論文「時代の転換期における大学」の主題は、大学における科学（学問研究）と時代や社会との関わりである。リットによれば、いわゆる大学の「社会貢献」は、大学人にとって決して「余計な仕事」と捉えられてはならない。社会から大学に寄せられる要請は、時代の根本的な問いを含んでおり、その問いは科学の助けなしには正しく定式化できないものだからである。

ここで再び共産主義諸国に目を転じると、そこでは科学と社会との密接な結びつきが見られる。ただしその結びつきは、科学が国家の秩序を正当化し、人々に将来の至福という幻想を与えるという関係にある。あるいは、その限りでのみ科学として認められる「疑似科学」である。これに対しリットは、政治的、社会的実践への有用性ではなく真理の追究のみを目的とすることこそ科学の本来のあり方であると説く。

続いてリットは、科学に関わる二種類の生の領域、すなわち技術と国家の検討に移る。技術の領域は合理性で統一されているが、その領域を含む人間の生の領域の全体は必ずしも合理的なものではない。それゆえ、人間の生の全体を技術的に合理化しようとする試みは、人間性を損なう結果となる。また、国家という共同的生もまた、個々人の人格の自由を基礎とする限り、対立や矛盾を含むものである。国家が調和的に統一された外観を呈しているとすれば、そこには異論に対する暴力的な抑圧が働いている。リットによれば、民主主義的な国家は疑似科学による正当化を必要とせず、逆に真理の追究の前提となる自由を保障するものである。

さらにリットは、真理の追究によって間接的に社会に貢献するという大学人の伝統的な理解は時代遅れであり、大学における研究と教育は時代の焦眉の問いと結びつかなければならない、とする。ただしそれは、研究成果を社会に応用することや、科学が政治や社会を方向づけることを意味しない。そうではなく、ヘーゲルが語っているように、普遍的真理は時代の問いに関わる真理を含むという関係において捉えられるべきものである。この意味において、真理の追究を目的とする真の科学は、むしろ「時代の傾向の影響から距離を取って自立すればするほど、ますます確実に、時代が自らをよりよく理解することを手助けできるようになる」(47ページ)のである。

科学と社会との関わりを問う役割は、人間についての科学（人文社会科学）に課せられているように見える。人間についての科学はその対象に対して中立的な観察者としての立場を取ることはできず、自らの歴史的規定性を踏まえて歴史的な対象に向かう姿勢が求められる。他方、人間以外のものについての科学（自然科学）は、一見すると、人間や時代との直接的な関わりを免除されているように見える。しかし実際には、前で見たとおり、技術の形をとって現代社会を強力に規定している。リットによれば、人間についての科学も、人間以外のものについての科学も、ともに科学と社会との関わりを問わなければならない。あるいは、時代の問いのなかに隠れた形で含まれている真理の要請を正しく把握し、応答しなければならない。そうすることで大学における科学（学問研究）は、自らの責任を果たすことができ、時代に対する「救いの力」となることができるのである。

第三論文「現代を歴史的に理解する」は、リットの最初の単著論文集『歴史と生』（一九一八年）において発表された。リットは一九〇四年から一九一八年までボンとケルンのギムナジウムの教師をしていたが、一九一九年にボン大学員外教授となり、一九二〇年にはライプツィヒ大学の哲学と教育学の正教授となる。リットを大学での教授職に向かわせた最大の理由は、第一次世界大戦という大規模な破壊的経験であった。そのような破壊的経験に至った原因を、リットは歴史に対する不十分な認識や思考に求めている。第三論文「現代を歴史的に理解する」の主題は、正しい歴史認識と学校教育を通したその育成である。

リットによれば、歴史認識とは、認識の外部に認識とは無関係にあらかじめ存在する過去の対象を加算的に知ることではない。歴史認識を考える上では、主体の認識作用にも目が向けられなければならない。あるひとりの人物を認識し理解する場合と同様、歴史のなかの出来事を認識し理解する場合においても、私たちは、その人物や出来事にまつわるさまざまな情報を知り、それらを相互に関連づけ、意味づけることを通して、その人物や出来事についてのひとまとまりの「像」を形成する。もちろん、新しい情報が加わることで、それまでの「像」に修正が加えられる場合もある。いずれにせよ、歴史を認識し理解する上では、このような認識のもつ構成的な作用に目を向けることが必要なのである。このような認識作用を通して過去を理解することは、単に現代から過去を理解するにとどまらず、現代という時代が成立する条件を理解することにもつながる。その意味で、過去は現代から理解されると同時に、現代は過去から理解されるものとなる。

とはいえ、認識のもつ像形成の作用は二律背反的である。なぜならしばしば人は、生に関わる表面的で断片的な知識を生の全体であると誤解したり、生のもつ力動的で過程的な性格を理解することなく生についての静的、固定的な知識で満足したり、それらの知識をもとに構成された一面的な像を客観的で普遍的なものと見なしたり、その像に恣意的な評価を加えたりするからである。さらに、認識する主体もまた歴史のなかで行為する主体であるという事実が、歴史の認識を複雑かつ困難なものにする。現代を生きる人間の認識は歴史によって条件づけられており、また時間の流れとともに認識主体自身も変化していき、さらには人間の行為が認識対象たる生の全体を変化させる。歴史の像の形成、すなわち歴史の認識は、認識主体と認識客体との相互包含的ないしは相互依存的な関係のなかで遂行されるという点に注意しなければならない。

リットによれば、歴史教育とは何よりもこのような歴史認識の能力を育む教育である。歴史の理解を目指す教育は、「歴史の像の形成過程の、確定済みの結果を受け取る」という仕方ではなく、「この過程をその生成において自ら体験する」という仕方で進められる必要がある（160ページ）。この目的にとって有効な教材は、リットによれば言語（とりわけ古典語を含む外国語）と文学作品である。なぜなら言語や文学作品は、その語り手や書き手の生が具体化されたものであり、生徒はその具体化の過程を追体験することで生の力動性を理解すると同時に自らの認識能力の構成的作用をも理解するからである。

もっとも生徒は、十分な歴史認識の能力を育む学校での授業以前に、あるいは学校以外の場で、まさに現代という生の圧倒的な勢いのただなかに置かれており、誤った認識を形成してしまっているのが常である。それゆえ歴史認識の育成を目的とする教育は、同時に自己批判の教育でなければならない。それは、生に関わるさまざまな概念《ベグリフ》（「ドイツ国家」であれ「ルネサンス」であれ）は、認識の構成的作用が現実の無数の出来事のなかからいくつかのものを拾い上げ、結び合わせて把握《ベグライフェン》した結果得られた像であること、その意味で暫定的かつ可謬的な像であることを生徒に理解させる教育である。このような教育を通してのみ、人間は歴史から学び、自律的に現代の生と向き合い、未来に向けて慎重に判断し行為することが可能となる。論文「現代を歴史的に理解する」をリットは次のような言葉で締めくくる。自らを無謬だとみなす誤った思考と戦うことが可能となるのは、「無反省に始められた教育の過程を批判的思考の光で照らし出し、それを通して獲得された自己認識を生の実践に導き入れようとする道徳的な意志を呼び覚ます場合に限られるのである」

最初期に書かれた第三論文では、ギムナジウムにおける授業にそくして、きわめて実践的に論が展開されている。そこには、直前までギムナジウムの教師を務めていた経験や、プロイセン文化省におけるギムナジウム改革の構想に参画した経験が反映していると考えてよいだろう。もっとも、その論の中心に置かれているのは認識論である。リットは、生徒の認識能力の形成に寄与するところが少ないと自身が判断した経験主義を批判し、言語（特に母語ではない言語）や文学作品の教育を通した歴史教育の重要性を説く。文学作品の講読が歴史認識の育成に有用だとするその主張は、あまりにも牽強付会に過ぎる印象を受ける。とはいえ、認識の構成的性格や認識主体と認識客体の相互包含的関係といった論点――これらの論点についてリットはジンメルやトレルチから大きな影響を受けたと言われている――は、今日から見てもなお意義を失ってはいないだろう。

リットは、第二次世界大戦が終結した後になって初めて、自由と拘束の均衡を図るのにもっとも適した国家形態として民主主義を唱えたとされる（cf. Jürgen Oelkers : Theodor Litt revidivus? Überlegungen im Anschluß an neue Arbeiten zu Person und Werk. In : Zeitschrift für Pädagogik, 31(5), 1985, S.668）。第一、第二論文で展開されるような、東西対立という政治的状況の分析と精神科学の弁証法的方法を結びつけようとするリットの晩年の企図について、批判的教育科学を代表する教育学者のひとりW・クラフキは、「歴史的、弁証法的唯物論の理論やそのヴァリエーションが正しく分析されておらず、また、その理論とその理論にもとづいた政治的実践との間の、実際には多くの飛躍を含んだ関係についても十分に考察されていない」として、批判的な評価を下している（Wolfgang Klafki : Die Pädagogik Theodor Litts. Eine kritische Vergegenwärtigung. Königstein (Scriptor) 1982, S.374）。たしかに、リットが考察の対象としているのは、共産主義諸国の政治的教義（Doktorin）や現実の実践であり、共産主義の理論ではない。さらに言えば、民主主義の諸理論と西ドイツにおける現実の政治社会との関係の分析や検討も十分に深められているとは言いがたい。

もっとも、このような留保すべき点を含みながらも、リットの独自の弁証法には、現代という時代を理解しようとする努力に対する多くの導きの糸を見て取ることができる。繰り返しになるが、リットは生涯を通じて啓蒙の弁証法と格闘した思想家である。二つの世界大戦、ナチズムと共産主義、資本主義の労働機構や官僚制国家が含み持つ管理と抑圧等々――リットによれば、それらはいずれも進歩や向上を目指す近代的理性がもたらした産物である。善行がなぜ災禍を招くのか。その答えをリットは人間の認識と思考のもつ二律背反に求める。その上で、自己批判と注意深さに立脚した実践と責任の重要性を強調する。

ひるがえって今日、民主主義の失敗が声高に語られる時代にあって、なお民主主義の理念を掲げ続けることはいかに可能なのか、隅々までグローバルなテクノロジーやプラットフォームに規定された生活のなかで人間の自由をどのように考えればいいのか、真理よりも感情が重視される時代にあって学問研究は社会とどのように関わるべきか、人類共通であるはずの敵を前に私たちはどのように振る舞うべきか、あるいは「友」と「敵」を区分する発想こそ問い直されるべき当のものではないのか、さらには「私たち」に含まれる同一性と多様性をどのように考えるべきなのか等々、考えるべき時代の問いは山積している。当然ながら、リットの弁証法は、止揚された明確な正解を示してくれるわけではない。得られたと思った答えのなかにさらに新しい弁証法が働く点に、リットの思想の特徴がある。また、個々人のレベルでの思考や自覚や責任を強調するリットの思想は、今日の議論の水準からみると、あまりに観念論的であるのも事実である。しかし少なくとも、自らの頭で、他者とともに考え続ける努力なしには、自由な人格としての人間は存続しえない一生涯を通じて時代と格闘したリットの晩年の論考は、このことを私たちに強く訴えていると言えよう。

二〇二一年八月六日

野平慎二

あとがきに代えて——日本学術会議問題を巡って

ヒロシマで学び、ドイツでの留学体験を経て、沖縄で研究者としてスタートした同僚で今回のTh.リット著の編纂訳書『現代という時代の自己理解―大学・研究＝教育の自由・責任―』を担った野平慎二は地球規模で拡大した新型コロナウイルスによる感染が、市井の人々の命と生活を脅やかしていると本著の序文で書いている。それは奇しくも、二〇二〇年八月六日の日付をもつ七五回目の広島原爆忌に書かれたものであった。

同年八月六日、広島市原爆死没者慰霊式並びに平和祈念式あいさつで、時の内閣総理大臣は、例年のように「本日ここに、被爆七五周年の広島市原爆死没者慰霊式並びに平和祈念式が挙行されるに当たり原子爆弾の犠牲となられた数多くの方々の御霊に対して、謹んで哀悼の誠をささげます」と七五周年の数字だけをかえて述べている。そしてわずか一行、「新型コロナウイルス感染症が世界を覆った今年、世界中の人々がこの試練に打ち勝つため、今まさに奮闘を続けています。」と現政権と同じフレーズを繰り返している(首相官邸ホームページから)。

ながながと日付にこだわりながら、二〇二〇年八月六日の七五回目の広島原爆忌を回顧した。広島で育てられ、教育研究者の途を歩んできた者の当然な感慨でもある。

だが前内閣総理大臣といい現政権といい、その時々に発する国民に迎合した言い回しの背後に、不変ともいえる自己中心のわが身勝手な「言説」に、わたしたちはいま気づかざるをえない。それが日本学術会議問題の核心であるとわたしは判断している。

具体的事例から説明したい。日本学術会議については前政権時代にその調査や問題点が政権運営の観点から開始され行われてきたのは周知の事実で、その責任者が現政権の官房副長官として継続して担当し、その運営を司っているのである。

このような状況の中で、日本学術会議における学問・研究＝教育の自由の本質を考えるとはどのようなことなのであろうか。確かに、日本国憲法第二十三条には学問の自由は、これを保障すると記されている。しかしながら、わが国では先進諸国に比べて、大学における学問・研究＝教育の自由が、国家との関係を中心として大学や研究者という閉じた世界での問題として論じられ、大学・学問と社会との関係で緊張感をもって考察されることが少なかったように私には思われる。

われわれは本編纂訳書冒頭で「課題」を設定し、その「はしがき」で〈大学における研究＝教育の自由と責任を考えるにあたって〉というサブタイトルを付して、Th.リットの言説、とりわけ、一九五六年六月、ドイツ学術功労章の叙勲記念講演で行った「科学の公的責任」と題する講演から「時代の危機に用心深くあれ」という文言を引用した。

研究者の一人ひとりが、時代の「危機」に対する感覚を研ぎすまし、自己の専門分野と社会との接点を明らかにして問題を解決し国民への責任を果たすことが重要なことなのである。

末尾ではあるが、東信堂の下田勝司社長に感謝の誠を捧げたい。学術出版の極めて厳しいなか、本編纂書刊行の意義を認められ、その刊行を快諾されたのである。ここに記して深甚の敬意を表したい。

二〇二一年九月

編纂訳者　小笠原道雄

原著者紹介

テオドール・リット（Theodor Litt 1880-1962）。ドイツの哲学者、教育学者。ライプチヒ大学教授、学長（1931-32）を歴任するもナチズムに抵抗し辞職。戦後の1945年請われて復職するが占領下の旧ソヴィエト体制と軋轢を生む。1947年、旧西ドイツ・ボン大学からの招請をうけ教授に復帰。主な著書に『歴史と生』『個人と社会』『ヘーゲル』『指導か放任か—教育の根本問題—』『自然科学と人間陶冶』『歴史意識の再覚醒』『職業陶冶・専門陶冶・人間陶冶』『東西対立に照らした科学と人間陶冶』等。1954年、連邦政府学術功労賞叙勲、1955年、大統領星十字大功労賞授与。

編訳者紹介

小笠原道雄（おがさわら みちお 1936- ）。広島大学名誉教授、ブラウンシュバイク工科大学名誉哲学博士（Dr. Phil. h. c.）。北海道教育大学、上智大学、広島大学、ボン大学（客員）、放送大学広島学習センター、広島文化学園大学を歴任。主な著書論文に『現代ドイツ教育学説史研究序説』『フレーベルとその時代』『精神科学的教育学の研究』'Die Rezeption der deutschen Pädagogik und deren Entwicklung in Japan' 'Die Rezeption der Pädagogik von Th. Litt in Japan' "Pädagogik in Japan und in Deutschland－Historische Beziehungen und aktuelle Probleme", Leipziger Universitätsverlag, 2015.等。

野平慎二（のびら しんじ 1964- ）。愛知教育大学教育学部教授。広島大学大学院教育学研究科博士課程修了。博士（教育学）。この間、DAAD奨学生としてリューネブルク大学留学。主著に『ハーバーマスと教育』。翻訳書として、K. モレンハウアー『子どもは美をどう経験するか』（共訳）、『ディルタイ全集』第6巻、倫理学・教育学論集（共訳）等。

現代という時代の自己理解——大学・研究＝教育の自由・責任
テオドール・リット『人間と歴史—論理とエートスに徹する歴史哲学者の提言』

2021年10月30日　　初　版第 1 刷発行　　〔検印省略〕

＊本体価格はカバーに表示してあります。

編訳者©小笠原道雄・野平慎二／発行者　下田勝司　　印刷・製本／中央精版印刷

東京都文京区向丘1-20-6　郵便振替00110-6-37828
〒113-0023　TEL（03）3818-5521　FAX（03）3818-5514
発行所 株式会社 東信堂

published by TOSHINDO PUBLISHING CO., LTD.
1-20-6, Mukougaoka, Bunkyo-ku, Tokyo, 113-0023, Japan
E-mail: tk203444@fsinet.or.jp　URL: http://www.toshindo-pub.com/

ISBN978-4-7989-1719-1　C1030